ÚLTIMAS PALAVRAS

O QUE VOCÊ DIRIA NA HORA DA MORTE?

PHILIPPE NASSIF

ÚLTIMAS PALAVRAS

O QUE VOCÊ DIRIA NA HORA DA MORTE?

As últimas palavras de grandes personalidades

TRADUÇÃO Fernando Scheibe

GUTENBERG

A cena é célebre: enquanto morre em seu domínio de Xanadu, o magnata da mídia Charles Foster Kane pronuncia, num último suspiro, a palavra "Rosebud". Assim tem início, com a palavra final, o filme *Cidadão Kane* de Orson Welles. Após a morte do protagonista, um jornalista tenta descobrir o sentido desse "botão de rosa". Todo construído com *flashbacks*, o filme mostra a investigação do enigma, o qual não se desvendará para os protagonistas, mas sim para o espectador, que descobre, na última imagem do filme, que "Rosebud" é a palavra inscrita no trenó com que o pequeno Kane brincava quando, após herdar uma mina de ouro, é arrancado de sua mãe para ser criado por um banqueiro. O segredo de seu apetite insaciável pelo poder era uma infância abortada.

Podemos então chamar isso de síndrome de "Rosebud": essa fascinação pelas últimas palavras das grandes mulheres e dos grandes homens. Elas surgem para nós como estranhas revelações arrancadas *in extremis* à invasão do nada: verdadeiros fragmentos de poesia bruta. Se essas palavras incitam nossa curiosidade e excitam nossa imaginação, isso se deve provavelmente ao fato de que esperamos descobrir nelas um pedaço da verdade subjacente a um destino ou a uma obra excepcionais. Verdade que pode sempre nos escapar – à maneira do "Rosebud" de Kane –, mas que talvez seja possível evocar, vislumbrar, tocar de leve, cruzando a biografia do (quase) defunto e as circunstâncias de sua morte.

Trata-se de um frágil exercício de interpretação, mas que nos oferece um material riquíssimo para meditação: Leremos nestas páginas 78 últimas palavras – expressões de pavor ou de esperança, rasgos de humor ou de estupefação, grandes momentos de inconsciência, por vezes atitudes que flertam com a santidade, visões proféticas ou, simplesmente, as manifestações brilhantes de uma personalidade singular. Além disso, cada uma delas corresponde mais ou menos a um dos "cinco estágios da morte anunciada" descritos pela psiquiatra Elisabeth Kübler-Ross: a negação, a raiva, a barganha, a depressão e a aceitação.

São palavras que nos remetem naturalmente à relação inquieta que mantemos com nossa própria morte, e é por isso que elas nos fascinam. Mas é preciso esclarecer em que morte estamos pensando. Talvez não se trate apenas de nosso desaparecimento futuro: parece um pouco tolo, ao ler esses relatos, perguntarmo-nos o que nós mesmos poderíamos dizer em nosso leito de morte – ou até preparar uma boa frase, como quem redige seu epitáfio. De maneira mais profunda, acredito, essas palavras ecoam todas as mortes que encaramos desde nosso nascimento. Todos esses lutos incessantemente recomeçados: o afastamento da mãe, o adeus à infância, à adolescência e à juventude, os momentos de humilhação ou de vergonha, a perda dos seres amados ou dos lugares que habitamos, os amores mortos ou as amizades que se vão, as esperanças frustradas, as certezas que desmoronam.

É sobre as nossas respostas – raiva, negação, barganha, depressão, aceitação – a essas mil e uma perdas que a descoberta dessas últimas palavras projeta sua luz: aí reside sua força inspiradora. Como uma incitação a abandonarmos de vez aquilo que já está morto em nós, mas continua a nos assombrar, e a nos abrirmos ao que está ali, à nossa frente e sempre novo, em estado nascente. ■

Anton Tchekhov

“Fazia muito tempo que eu não bebia champanhe.”

† 15 de julho de 1904,
Badenweiler (Alemanha),
44 anos

O escritor russo nunca concedeu repouso a si mesmo durante toda sua vida. De *Platonov* a *O jardim das cerejeiras*, passando por *A gaivota*, concebeu uma obra prolífica, sem jamais negligenciar seu engajamento social como médico, atormentado pelo sofrimento universal e imbuído do amor ao próximo. É por isso que ele passa um verão na ilha de Sacalina: para denunciar as degradantes condições de vida da colônia penal. Também não cobra nada para tratar dos camponeses que vivem perto de sua casa de campo e faz doações a várias escolas populares. No entanto, Tchekhov tem tuberculose: desde os 23 anos cospe sangue e, apesar de ser médico, só decidirá se consultar 12 anos depois. No verão de 1904, parte para a Alemanha, com sua esposa Olga Knipper, a fim de repousar numa estação termal da Floresta Negra. No meio de uma noite, acorda e manda chamar um médico – "pela primeira vez na vida", contará Olga. E pede a ele... champanhe. Tchekhov é um dramaturgo de estilo lacônico e minucioso, capaz de ir do cômico ao trágico com a mesma eficácia. E é assim que, erguendo-se em seu leito, declara solenemente em alemão ao médico: "*Ich sterbe*" ("Estou morrendo"). Vira-se então para sua esposa, pronuncia suas últimas palavras, esvazia tranquilamente sua taça, deita-se sobre o lado esquerdo e se cala para sempre. ■

Luís XIV

"Por que estão chorando? Acreditaram que eu fosse imortal?"

† 1º de setembro de 1715,
Versalhes,
76 anos

Luís XIV está sofrendo há vários dias de uma dor insuportável na perna esquerda quando uma gangrena senil finalmente é diagnosticada. Atravessa então uma agonia de mais de uma semana. Suas últimas horas impressionam pela dignidade demonstrada na censura a dois de seus criados, que soluçam ao vê-lo expirar, por não terem se preparado para perdê-lo. É no mínimo interessante essa evocação de sua condição mortal. Como se ele perguntasse: vocês acabaram acreditando nessa ficção do Rei Sol, do monarca absoluto, de direito divino, nessa ficção que me dediquei a encenar ao longo de todo meu reinado, no coração dessa microssociedade do espetáculo que o castelo de Versalhes se tornou? Mas se Luís XIV se sente livre para falar assim é porque, naquele momento, já não se considera mais rei. Chama já seu bisneto, o futuro Luís XV, de "o jovem rei". E quando evoca uma lembrança, sempre usa a fórmula: "quando eu era rei...". Não é ele, portanto, que é imortal, mas a linhagem real: o espetáculo pode continuar. ■

Emily Dickinson

"Devo ir para lá, pois o nevoeiro está aumentando."

† 15 de maio de 1886,
Amherst (Massachusetts),
55 anos

A grande poetisa norte-americana escolheu uma existência monástica e excêntrica. Emily Dickinson vive enclausurada na casa familiar em Amherst, Massachusetts, sai raramente e sempre se veste de branco. Quase nunca recebe amigos. Guarda a maior parte de seus poemas num cofre que sua irmã Lavinia só descobrirá depois de seu falecimento. Compõe assim uma obra misteriosa, livre, brilhante, que incessantemente se confronta com o enigma da morte – "a dobradiça da vida", ela escreve –, com as possibilidades do nada que nela se abrem, com a figura de Cristo, com a magnificência tranquila das flores e com a exaltação do amor. Um dia, no verão de 1884, estando na cozinha, ela vê "uma grande escuridão se aproximar" e desmaia. A partir de então, a passagem para um além se torna uma obsessão em suas cartas e notas. Fica doente no inverno de 1885 e não sai mais da cama. As últimas palavras que escreve são perturbadoras: "*I must go in, for the fog is rising*". Em Emily Dickinson, a poesia e a espiritualidade andam juntas, correspondem-se, educam-se reciprocamente e, no final, inspiram-lhe esse corajoso gesto de abandono à morte. ■

Johann Sebastian Bach

"Finalmente vou ouvir a verdadeira música."

† 28 de julho de 1750,
Leipzig,
65 anos

Bach atravessa os últimos meses de sua vida praticamente cego. Em 18 de julho de 1750, volta a enxergar por um instante, antes de sofrer um derrame. Sua agonia dura dez dias, durante os quais retoma, remaneja e corrige um coral escrito em sua juventude, ditando-o a seu genro Atnikol. Intitulado originalmente "Quando estamos na extrema aflição", Bach rebatiza essa peça serena e simples de "Diante do teu trono me apresento, Senhor". As últimas palavras do músico de Leipzig soam como a prova suprema de que, se suas composições levaram as formas tradicionais a uma perfeição inigualável, foi porque eram verdadeiros exercícios de aproximação, hipóteses inquietas e alegres, deduções sublimes das harmonias divinas. Afinal, a música de Bach desabrochou em meio ao culto protestante, e Lutero, seu fundador, afirmava que o reino de Deus não é um "reino visível" e sim "um reino de sons". O paraíso, portanto, é música, e poderia muito bem se parecer, garantem os melhores espíritos, com um oratório de Bach. ■

Eugène Labiche

– Pai, já que você vai ver a Madeleine, diga para ela que ainda a amo!

– Você não podia dar o recado você mesmo?

† 22 de janeiro de 1888,
Paris,
72 anos

Seria pouco dizer que as últimas palavras de Labiche parecem ter sido tiradas de uma de suas melhores peças. Ele foi o mestre do teatro cômico durante o Segundo Império. Seus vaudevilles, como *Um chapéu de palha italiano* ou *A viagem do senhor Perrichon*, são pequenas joias de fantasia, de *nonsense* e de extravagância que privilegiam as tiradas irônicas em detrimento dos voos líricos. E servem a uma obsessão: desmascarar a então recente babaquice burguesa. Dessa vez, é o seu próprio filho, André, viúvo havia pouco, que representa sem querer o papel do burguês imbecil: dando mostras não apenas de uma carolice idiota como também de um estranho desejo de ver seu pai já morto e, para piorar, de ainda fazê-lo trabalhar! O dramaturgo responde ao seu modo misantropo e zombeteiro: sarcástico. Destruindo o absurdo mesquinho e ordinário com um absurdo ainda maior porque hilariante. Impecável. ■

Nicolau Maquiavel

"Melhor no inferno para discutir questões de Estado com todos os grandes espíritos do que no paraíso com aquele monte de pobres coitados!"

† 21 de junho de 1527,
Florença,
58 anos

Uma das últimas frases atribuídas a Maquiavel lança uma luz saborosa sobre seu pensamento. O autor de *O Príncipe* – esse manual do poder de Estado endereçado a Lorenzo II de Médici a fim de incitá-lo a reunificar a Itália e ocupar um lugar de destaque na cena política – teve uma posteridade ambivalente. Alguns o consideram como o inventor de uma política dita "maquiavélica", em que os fins justificam os meios. Outros preferem ver nele o promotor dos princípios do Estado republicano, que avança mascarado. Maquiavel representa sobretudo o perfil psicopolítico do aventureiro, que tanto marcou a história italiana. Segundo ele, um bom homem de Estado consegue vencer as contingências (a *fortuna*) através de sua valentia e de sua astúcia (a *virtù*). Para tanto, Maquiavel prega uma ausência total de ilusões quanto à bondade do gênero humano. E parece reafirmar suas convicções quando lhe perguntam se espera ir para o paraíso (ele estava morrendo de cólicas em consequência de uma overdose de pílulas purgativas contra seus males de estômago). Já que a bondade é uma quimera, os locatários do paraíso só podem ser um bando de hipócritas! Um bando de pobres coitados que recalcaram sua maldade em nome de uma falsa bondade: imagine que sem graça a conversa desse povo! ■

Leônidas I

"Esta noite cearemos no palácio de Hades."

† 480 a.C.,
Termópilas,
cerca de 60 anos

Leônidas é o mais célebre dos reis de Esparta. No comando de sete mil gregos dispostos no estreito desfiladeiro das Termópilas, resiste por longos dias às centenas de milhares de invasores persas enviados por Xerxes. Porém, como nos conta Heródoto, um grego chamado Efialtes trai os seus indicando aos persas uma trilha pela montanha que lhes permite contornar a entrada do desfiladeiro. Os gregos estão perdidos. Leônidas deixa os atenienses e tebanos partirem e mantém consigo apenas trezentos guerreiros espartanos. A última refeição é frugal: trata-se de permanecer vivo para o assalto final, cujo resultado, no entanto, é mais do que previsível. Mas Leônidas sabe falar aos seus soldados: não podendo prometer a vitória, garante que um festim gastronômico há de esperar por eles no reino dos mortos. ■

Thomas Edison

"É muito bonito lá."

† 18 de outubro de 1931,
West Orange (Nova Jersey),
84 anos

O inventor do fonógrafo, da lâmpada elétrica incandescente e, incidentalmente, da cadeira elétrica, era um autodidata genial. Registrou mais de duas mil patentes ao longo de sua vida. Homem de negócios perspicaz, fundou a até hoje poderosa General Electric. Também nos legou uma famosa definição do gênio: "2% de inspiração e 98% de transpiração". Resta que a inspiração, segundo Thomas Edison, não provém nem da anedota nem do acaso. Embora não acredite em Deus, recusa o rótulo de ateu e professa que uma inteligência suprema governa a matéria. O fato de que consagrou os dez últimos anos de sua vida a tentar entrar em contato com o mundo dos mortos foi durante muito tempo camuflado por seus biógrafos. Segundo Edison, a alma é composta de substâncias microscópicas, "unidades de vida" reunidas num enxame e que se dispersam no momento da morte. Entregue a sua ambição de oferecer ao espiritismo uma fundamentação científica, trabalha obstinadamente na invenção de uma máquina capaz de captar, amplificar e fazer escutar essas partículas metafísicas que estão em nós, que nos circundam e carregam a memória de nossos defuntos. Compreende-se então por que ele se maravilha em seu leito de morte: a vida nas ondas magnéticas só pode ser mesmo muito bonita. ■

Henry Thoreau

– Você parece estar tão perto da margem do rio das trevas que chego a me perguntar como a outra margem lhe parece.

– Um mundo de cada vez!

† 6 de maio de 1862,
Concord (Massachusetts),
44 anos

Thoreau ficou para a posteridade como uma espécie de Buda norte-americano. Seu ensaio *A desobediência civil* inspirará a Gandhi a política da não violência, e *Walden*, sua obra-prima, influenciará a geração *hippie*. O escritor relata aí a vida que levou na floresta, por dois anos, a alguns quilômetros de seu vilarejo natal, Concord. Fala do seu constante maravilhar-se, cultivando "o dom do perpétuo encontro" e se deixando "continuamente irrigar e submergir pela realidade que nos cerca". Seu amigo e mentor Emerson escreverá que os pássaros, para quem ele tocava flauta, seguiam-no em seus passeios, e que os peixes nadavam em sua mão. Thoreau passa seus últimos anos como agrimensor titular de Concord e de seus arredores ("Viajei muito em Concord", ele dirá). Em seu leito de morte, um amigo da família, ex-pastor, interroga-o sobre o além. Sua resposta dispara como o ponto de incandescência de uma vida inteiramente orientada pela atitude certa. Pois pensar no outro mundo seria se ausentar do mundo dos vivos, do qual ele ainda faz parte. Seria se desviar do aqui e agora. Seria trair, no instante crucial, seu apelo essencial à "vida desperta". ■

Winston Churchill

"Estou tão entediado com isso tudo."

† 24 de janeiro de 1965,
Londres,
90 anos

O impetuoso chefe político, que desempenhou um papel crucial na vitória dos Aliados na Segunda Guerra, tinha se aposentado. Ele avisou seu médico que não sobreviveria àquilo: "Para que viver quando não se tem nada para fazer?". Churchill manteve a palavra. Depois de um fim de carreira prejudicado pelo declínio de suas faculdades físicas e intelectuais – foi primeiro-ministro até os 80 anos –, perde a cadeira de deputado no outono de 1964 e abandona seu papel de chefe da oposição. No ostracismo, Churchill sucumbe lentamente à depressão. Deixa escapar um último suspiro de tédio antes de mergulhar num coma de nove dias do qual não despertará. ■

Paul Poiret

"Esses malditos uniformes de enfermeira. Isso não encoraja nem um pouco um homem a viver. Preciso criar um traje mais adequado para vocês, pobres mulheres. Nada dessa maisena, um corte mais leve. E cor. Sim, sem falta: cor!"

† 30 de abril de 1944,
Paris,
65 anos

Ele era conhecido nos Estados Unidos como "King of Fashion". Em Paris, sua vida suntuosa, seu amor pela arte e seu gosto pelo orientalismo lhe valeram o apelido de "Le Magnifique". O grande costureiro Paul Poiret revolucionou a silhueta feminina da Belle Époque. Respondendo ao desejo de liberdade das mulheres, emancipa os vestidos do espartilho, impõe a cintura alta e privilegia os cortes simples e as cores vivas. É o primeiro costureiro a lançar seu perfume ("Les Parfums de Rosine"). Colabora com Picasso, Matisse, Brancusi... Em suma, um precursor. Na clínica, com o coração a ponto de parar, ainda encontra forças para insultar o estilo indumentário das enfermeiras que cuidam dele. Não tenho muita certeza de que o azul lavado que tende a se impor hoje em muitos países receberia sua aprovação. ■

Pier Paolo Pasolini

"A tragédia é que não há mais seres humanos, e sim estranhas máquinas que esbarram umas nas outras."

† 2 de novembro de 1975,
praia de Ostia, Roma,
53 anos

O cadáver do poeta e cineasta italiano parecia um "monte de trapos", dirá a mulher que o encontrou ao amanhecer na praia de Ostia, na periferia de Roma. Dez costelas quebradas, o esterno afundado, a orelha esquerda arrancada, o pescoço lacerado, a mandíbula rompida, os dedos da mão esquerda cortados, o coração e o fígado estourados. O motivo e as circunstâncias do assassinato permanecem um mistério. O garoto de programa Giuseppe Pelosi foi detido, confessou e foi condenado. Mas, trinta anos depois, alegou sua inocência e denunciou três assassinos de sotaque siciliano. Pasolini, que dizia ter informações sobre um escândalo de Estado, teria sido vítima de uma cumplicidade entre a Máfia e os capangas da Democracia cristã? Algumas horas antes de seu assassinato, concede uma entrevista ao jornal *La Stampa*. Com uma vidência perturbadora, propõe ao jornalista intitulá-la "Estamos todos em perigo". Como o vigia alerta de uma Europa extraviada, repete que o consumismo é o pior dos fascismos, pois destrói a nossa alma e engendra uma sociedade desumana, de laços mutilados, em que cada um está isolado em seus pensamentos, entregue a um terror mudo. Uma sociedade em que a possibilidade do encontro desaparece diante da realidade cotidiana de corpos que esbarram uns nos outros sem se conhecerem. ■

Richard Wagner

"Não obstante, o processo de emancipação da mulher só poderá se consumar em convulsões extáticas. Amor – Trágico."

† 13 de fevereiro de 1883,
Veneza,
69 anos

É em Veneza, onde compôs uma parte de *Tristão e Isolda*, que Wagner costuma se abrigar do rigor dos invernos alemães. Seu coração se tornou frágil e, nesse inverno de 1882, instalado com sua família no palácio Vendramin Calergi, ele tem várias crises violentas de angina do peito. "Nunca mais regerei", constata uma noite o mestre de Bayreuth. Wagner trabalha então num texto teórico intitulado *Sobre o feminino no ser humano*. Estaria pressentindo que só lhe restavam algumas poucas horas? Seja como for, as duas últimas frases que escreve soam como uma poderosa profecia. Durante toda sua vida, Wagner foi fascinado pelas mulheres: em suas óperas, elas são as agentes da redenção, as heroínas por meio das quais o amor desponta. E já que o amor anda sempre junto com a tragédia, a liberação do jugo patriarcal se realizará, mas à custa de uma catástrofe. ■

Sarah Bernhardt

“*Ame.*”

† 26 de março de 1923,
Paris,
78 anos

Victor Hugo a chamava de "Voz de Ouro". Jean Cocteau inventou para ela a expressão "monstro sagrado". Sarah Bernhardt era considerada a maior atriz de seu tempo. Mas os seus vinte últimos anos de vida são muito difíceis: a tuberculose óssea não para de progredir, mesmo com a amputação de sua perna direita aos 70 anos. Em meados de março de 1923, ela tem que interromper as filmagens de *A vidente* de Sacha Guitry. Atravessa então uma agonia de vários dias, em seu palacete parisiense, rodeada por amigos e parentes. Lúcida até o final, zomba dos jornalistas que, amontoados no bulevar, espreitam o anúncio de seu falecimento. Assegura-se da qualidade de seu caixão de madeira de roseira sobre o qual está inscrita sua fantástica divisa: "Mesmo assim". Pouco antes de mergulhar no coma, coloca suavemente a mão na cabeça de um jovem ator de sua companhia, Jean Yonnel. E lhe faz uma recomendação suprema: a vida só vale a pena ser vivida se sabemos esposar, amorosamente, tudo aquilo que nos acontece. ■

Allen Ginsberg

“Estou morrendo no paraíso.”

† 5 de abril de 1997,
Nova York,
70 anos

Em fevereiro de 1997, o grande poeta da geração Beat fica sabendo que tem menos de seis meses de vida por causa de um câncer de fígado. Para sua grande surpresa, Ginsberg não sente medo algum: "Não sei por que, fui invadido por uma calma imensa", confia a seu biógrafo. Ele, a quem é atribuído o *slogan* "Flower Power" da geração *hippie*, tornou-se um discípulo do tibetano Trungpa Rinpoché e um fervoroso praticante do budismo. Chama seus amigos que sabe estarem em dificuldade financeira: "Estou para morrer, querem que eu lhes empreste algum dinheiro?". Alguns meses antes, tinha comprado um amplo *loft* em East Village, graças ao milhão de dólares que obteve vendendo seus arquivos à universidade de Stanford. É nesse *loft,* decorado com móveis usados comprados do Exército da Salvação, que ele morrerá dois dias depois de ter se mudado. Tudo indica que ficou completamente encantado com o lugar. Garante aos amigos que vêm vê-lo que tem muita sorte: Allen Ginsberg ainda nem partiu e já está instalado em seu "paraíso". ■

François Rabelais

“*Vou inquirir o grande talvez.*”

† 9 de abril de 1553,
Paris,
entre 59 e 70 anos

No coração da Renascença, Rabelais surge como um genial equilibrista. Ao mesmo tempo mestre da farsa e pensador afiado, grande erudito e *bon-vivant* de verve popular. Crítico mordaz dos "papômanos" (os adoradores do papa), cujos livros serão censurados por "ateísmo", inscreve-se, não obstante, numa corrente evangélica humanista que, fiel à palavra de Cristo, rejeita a Lei. E é assim que sua obra suscitará infindáveis interpretações antagônicas. Mas, precisamente, "o mais alto sentido" de que fala Rabelais na introdução a *Gargântua* visa menos a uma doutrina hermética que a uma livre capacidade de manter juntas as contradições e, desse modo, ampliar a vida. Suas últimas palavras são comoventes e extremamente modernas. O além da morte é depurado de todas suas representações míticas ou teológicas: é um ponto de interrogação, um anseio, uma abertura que, plantada no coração da existência, libera uma infinidade de "possíveis", o "grande talvez". ■

John Fitzgerald Kennedy

– O senhor certamente não poderá dizer que o povo de Dallas não o recebeu bem, senhor Presidente!

– Certamente não!

† 22 de novembro de 1963,
Dallas,
46 anos

Saudados por uma multidão entusiasta, o 35º presidente dos Estados Unidos e sua esposa Jackie desfilam nas ruas de Dallas a bordo do Lincoln conversível presidencial. É meio-dia e meia, o cortejo atravessa a praça Dealey. Ao lado dos dois, a esposa do governador do Texas, Nellie Connally, está radiante: ela se vira para Kennedy e exalta a hospitalidade da cidade. Suprema ironia: mal ele concorda, sob a objetiva trêmula da câmera de Abraham Zapruder, uma primeira bala disparada por Lee Harvey Oswald atinge sua garganta. Assim se dá o mais traumatizante assassinato político da história dos Estados Unidos: aquele que projetou os norte-americanos na era da suspeita, convencendo-os de que, decididamente, nada está garantido. ■

Olympe de Gouges

"Fatal desejo da Fama, por que fui querer ser alguma coisa?"

† 3 de novembro de 1793,
Paris,
45 anos

A autora da *Declaração dos direitos da mulher e da cidadã* (1791) é uma das primeiras heroínas da época moderna. Sublime e soberba, extravagante e visionária, Olympe de Gouges é animada pelo intransigente desejo de viver em liberdade e de arrastar a humanidade com ela. Filha bastarda de um marquês, forçada a se casar aos 17 anos, mãe e viúva aos 19, a francesa Marie Aubry, nascida Gouze, proclama desde então sua repulsa pelo casamento e escolhe um novo nome, talhado para a elevação. Nos anos 1780, compõe cerca de trinta peças de teatro, entre as quais *Zamore e Mirza, ou o feliz naufrágio*, um manifesto contra a escravidão dos negros. Propõe um imposto igualitário, a instituição de maternidades públicas e ateliês nacionais para os desempregados. Transfigurada pela Revolução, mas apegada a uma monarquia constitucional, Olympe de Gouges responde à misoginia da Assembleia nacional com um feminismo pioneiro: "A mulher tem o direito de subir no cadafalso; também deve ter o de subir à Tribuna". O Terror será fatal para a impetuosa girondina que, no cadafalso, deixa escapar uma diatribe contra sua funesta aspiração à celebridade – mostrando-se, aí também, avançada em relação a seu tempo. ■

Sócrates

"Críton, devemos um galo a Asclépio, não deixe de saldar essa dívida."

† 399 a.C.,
Atenas,
entre 70 e 72 anos

Não é de surpreender: a última frase do fundador da filosofia é um enigma. Em seu diálogo *Fédon*, Platão relata a morte de seu mestre. Sócrates foi condenado pela democracia ateniense por "corrupção da juventude" e forçado a beber cicuta. Seus amigos propõem que fuja, mas ele se recusa. Fala longamente da imortalidade da alma e dos circuitos que ela segue depois da morte. Toma com tranquilidade e de um só gole a taça de veneno, sente suas pernas adormecerem e se deita para morrer. Então, ergue o corpo pela última vez para lembrar seu amigo de oferecer um galo ao deus da medicina. "Sim, pode deixar", responde Críton. "Mas não tem outra coisa para dizer?" Sócrates não diz mais nada. E abre assim o jogo das interpretações. O galo, cujo canto anuncia a aurora, simboliza para os gregos a salvação da alma. Com essa oferenda, Sócrates gostaria de demonstrar sua gratidão a Asclépio por ter curado sua alma do mal de estar unida a um corpo. Nietzsche o condenará por esse gesto: preferindo a razão ao corpo, o filósofo grego seria um "cansado da vida" que acolhe a morte como uma libertação. Mas outra interpretação é possível: invocando o deus da medicina, Sócrates não estaria assinalando que a filosofia, mais do que a busca pela verdade, é uma terapia da alma? ■

Hector Berlioz

“Finalmente vão tocar minha música!”

† 8 de março de 1869,
Paris,
65 anos

Berlioz conheceu o sucesso na Alemanha, na Inglaterra e até na Rússia, para onde foi a conselho de seu amigo Balzac. Mas na França sua música é julgada livre demais, pois subverte os esquemas tradicionais da sinfonia e da orquestração. Sua abordagem deslizante do ritmo e das harmonias anuncia as revoluções estéticas do século XX, mas parece dissonante aos ouvidos de seus compatriotas. À dureza das críticas vêm se somar graves problemas intestinais, dos quais morrerá. A perda de seu filho de 33 anos em 1867 é a gota d'água para o seu desespero. Aconselham-no a repousar no sul da França. Ali, sofre duas quedas consecutivas. Volta a Paris coberto de feridas e recusa qualquer visita desde então. Queima as lembranças de sua carreira musical: programas, artigos de jornal, fotografias. E só volta a tomar a palavra bem no finzinho para fazer uma profecia amarga sobre sua glória *post-mortem*. Frase "pungente e sublime", afirmará seu amigo, o compositor e crítico musical Oscar Comettant, acrescentando que Berlioz tinha razão. Os artistas não apenas costumam estar adiantados em relação ao seu tempo: às vezes é preciso que morram para que suas obras finalmente desabrochem. ■

Giordano Bruno

"Morro como mártir e voluntariamente. Minha alma subirá com a fumaça para o paraíso."

† 17 de fevereiro de 1600,
Roma,
52 anos

Preso há sete anos, Giordano Bruno vem sendo interrogado e torturado em Roma por ordem do papa Clemente VIII. É um dos espíritos mais livres de uma época tiranizada pela Inquisição: um ex-monge, um pensador errante que opõe aos dogmas teológicos o livre exercício filosófico. É assim que afirma a pluralidade dos mundos – a Terra e o Sol não são únicos e tampouco estão no centro do universo –, professa uma divindade panteísta, refuta a virgindade de Maria, acredita na reencarnação, antecipa diversas descobertas científicas e escreve o primeiro livro de filosofia em língua moderna, no caso o italiano. É ele, aliás, que inspira o personagem do lúcido mago Próspero a Shakespeare. Por se recusar obstinadamente a se retratar, Giordano Bruno será condenado à morte por heresia. Na manhã de sua execução, reafirma uma última vez sua inocência. Cortam sua língua, levam-no para a fogueira montada no Campo de' Fiori: com seus livros jogados aos pés, é queimado vivo. Quatro séculos depois, ao contrário de Galileu, o Vaticano continua se recusando a reabilitá-lo, o que faz de Giordano Bruno um eterno mártir da era moderna. ■

Luís XVI

"Rogo a Deus que o sangue que derramarão nunca recaia sobre a França."

† 21 de janeiro de 1793,
Paris,
38 anos

A condenação à morte pela Assembleia nacional do "cidadão Louis Capet" marca o momento em que a Revolução Francesa perde as estribeiras. Em que os revolucionários, ao mesmo tempo embriagados com seu poder e ameaçados de todos os lados pelo inimigo monarquista, descambam para o excesso, a liberdade desbragada, o heroísmo negro. Rei benévolo e pacífico, letrado e fascinado pela técnica, Luís XVI por certo é pouco dotado para a política, mas está longe de ser o pateta pintado pelo romance nacional republicano no século XIX. Seus últimos instantes provocarão admiração até mesmo em seus adversários: no momento em que a História sai dos trilhos, Luís XVI permanece surpreendentemente firme. Recebe sua condenação sem se queixar; reza o terço na carruagem que atravessa Paris para levá-lo ao cadafalso; informa-se sobre a expedição de La Pérouse, desaparecida no Pacífico. Seu único movimento de rebelião ocorre no momento em que, já sobre o cadafalso, afasta-se bruscamente do carrasco Sanson e se apresenta diante da multidão dizendo: "Morro inocente de todos os crimes que me são imputados. Perdoo os autores de minha morte. Rogo a Deus que o sangue que derramarão nunca recaia sobre a França". Tenta continuar, mas os tambores cobrem sua voz. Cala-se. Morre guilhotinado alguns instantes depois. Daí em diante o Terror fará milhares de vítimas, sacrificadas no altar da República nascente, da política radical e das transgressões sagradas. ■

Madame Roland

"Liberdade, quantos crimes são cometidos em teu nome!"

† 8 de novembro de 1793,
Paris,
39 anos

Por ser ao mesmo tempo uma mulher devotada, graciosa e uma eloquente militante, Madame Roland se impôs como um ícone romântico, sendo celebrada por Goethe, Stendhal e Chateaubriand. Entusiasmada com a Revolução Francesa, ela se engaja, mantém um salão, torna-se a egéria, a mentora dos girondinos, e alimenta ambições políticas para seu marido – que, uma vez ministro, será censurado por não passar de um fantoche de sua esposa. Aquela que dizia odiar os reis e considerar a insurreição "o mais santo dos deveres" fica, no entanto, revoltada com o Período do Terror que se estabelece. Jogada na prisão, escreve, em cinco meses, suas notáveis *Memórias*. Julgada, condenada à morte e guilhotinada no mesmo dia, permanece altiva e serena até o último instante, à maneira dos "homens ilustres" de Plutarco, leitura que embalou sua infância. E é no momento em que a charrete que a leva ao cadafalso passa pela estátua da Liberdade, escultura de gesso comemorativa ao dia 10 de agosto de 1792, que Madame Roland lança esse célebre alerta a propósito dos perversos extravios que ameaçam constantemente a ideia de liberdade. ■

Ravachol

***“Se quiser ser feliz,
com todos os diabos,
Enforca teu
proprietário,
Corta os padres
no meio
E derruba todas as
igrejas!”***

† 11 de julho de 1892,
Montbrison,
32 anos

Criado na mais dura miséria, Ravachol descobriu a revolta lendo, aos 17 anos, os romances de Eugène Sue. Não suportando mais sua condição de empregado de lavanderia em Saint-Étienne, larga o trabalho e entra no mundo do crime. Ladrão e assassino, escapa da polícia e é abrigado por um militante anarquista que o converte à "propaganda pela ação". Em março de 1892, em Paris, Ravachol comete dois atentados à dinamite, um na casa de um juiz, outro na de um procurador. Detido, é condenado a trabalhos forçados. Mas, julgado em seguida por seus crimes anteriores, pega a pena de morte. Durante o processo, sua eloquência, sua acuidade e sua firmeza causam admiração – "Um santo nasceu para nossa causa", dirá um escritor anarquista. No momento de subir no cadafalso, põe-se a cantar "A canção do pai Duchesne" como se fosse um acalanto. Com a cabeça já encaixada na guilhotina, ainda consegue gritar: "Viva a Re...". O revolucionário e primeiro praticante da "ação direta" será ouvido. Depois de sua morte, uma onda de terrorismo anarquista varre a França. Ela culminará no verão de 1894 com o assassinato do presidente da República, Sadi Carnot. ■

Missak Manouchian

“Não quer mesmo vir com a gente? Pena. Íamos mostrar para você como os comunistas sabem morrer.”

† 21 de fevereiro de 1944,
Fort Mont-Valérien, Suresnes,
37 anos

Poeta, refugiado armênio que chegou à França nos anos 1920 e militante comunista, Missak Manouchian entra na clandestinidade no momento da ocupação nazista. Passa a integrar a rede de resistência dos FTP-MOI (Franco-Atiradores e Resistentes/Mão de Obra Imigrante). No comando da seção parisiense, chefia diversas operações, entre as quais a execução do general alemão Julius Ritter. Em novembro de 1943, a rede é desmontada por uma grande operação do serviço secreto francês (então cúmplice dos nazistas): Manouchian é preso na estação de Évry-Petit-Bourg. Durante o julgamento, vinte e três resistentes, embora enfraquecidos pela tortura, assumem corajosamente os seus atos, desafiando o tribunal militar alemão da Grande Paris. São condenados à morte em 18 de fevereiro de 1944. Na manhã da execução, quando está deixando a prisão de Fresnes, Manouchian, altivo e firme, demonstra a um dos guardas sua inabalável coragem. A propaganda alemã, com seus famosos cartazes vermelhos ilustrados com as fotos dos condenados, estigmatiza os FTP-MOI como "exército do crime". Mas a operação acaba saindo pela culatra. Manouchian e seus companheiros logo se tornam heróis da Resistência, cobertos pela glória póstuma dos mártires. ■

Ernesto "Che" Guevara

"Atire logo! Não seja covarde. Vai matar apenas um homem."

† 9 de outubro de 1967,
La Higuera (Bolívia),
39 anos

O revolucionário cubano, transformado em ícone romântico pela objetiva do fotógrafo Alberto Korda, não era de parar quieto. Depois da tomada de Cuba em 1959, da instauração de uma ditadura marxista e da tentativa, não muito bem-sucedida, de uma organização industrial nos moldes soviéticos, "Che" Guevara abandona a Fidel Castro o exercício do poder e volta à luta armada. Primeiro no Congo. Em seguida, na Bolívia, onde, em 7 de outubro de 1967, o guerrilheiro cai nas mãos do exército. No dia seguinte, o presidente boliviano, aconselhado por um agente da CIA, decide eliminar Guevara a fim de evitar um processo público que atrairia a atenção internacional. O soldado Mario Terán recebe a ordem de executá-lo. Obedecendo a contragosto, vai até a cela de "Che", cujo olhar intenso e brilhante o intimida. Hesita, baixa os olhos, recua. É então que Guevara, sabendo que estava mesmo perdido, encoraja-o a apertar o gatilho. Uma primeira rajada o atinge nas pernas. Ele cai no chão. Uma segunda o acerta no ombro e no coração. ■

Danton

"E não se esqueça de mostrar minha cabeça ao povo. Ela é boa de se ver!"

† 5 de abril de 1794,
Paris,
34 anos

Georges Jacques Danton não conhecia a mesquinhez: condenado por ter se oposto ao prosseguimento do Terror na França, o homem que no tempo de seu poder pregava a audácia, de novo a audácia e ainda a audácia, recebe sua sentença com soberba. Na charrete que o leva ao cadafalso, expande-se numa torrente de xingamentos a Robespierre e sua mãe, ao tribunal, ao governo, ao instinto gregário do povo. Ao ver a guilhotina, no entanto, arrepia-se por alguns segundos: "Minha bem-amada esposa, não voltarei a vê-la", murmura. Mas logo se recompõe, assiste à execução de seus treze companheiros e, quando chega sua vez, pula sobre o cadafalso. Pede então ao carrasco que exiba sua grande cabeça. Sanson obedece, enquanto a multidão – relata Antoine-Vincent Arnault – vai repetindo suas últimas palavras "arrepiada de horror e admiração". ■

Laurent Grimod de La Reynière

Pedindo um copo de água...

"No momento de comparecer diante de Deus, quero me reconciliar com meu pior inimigo."

† 25 de dezembro de 1837,
Villiers-sur-Orge,
79 anos

Eis um aristocrata extravagante que, tendo se tornado advogado, não hesitará em defender de graça as pessoas mais pobres; um escritor que assina as *Reflexões filosóficas sobre o prazer escritas por um solteirão*; um intelectual que, às vésperas da Revolução Francesa, é forçado a deixar Paris por ter publicado uma sátira contra um nobre com boas relações na corte. Mas Grimod de La Reynière é conhecido sobretudo como um dos pais fundadores da gastronomia moderna. Presencia, nos primeiros anos do século XIX, a invenção dos restaurantes em Paris pelos grandes cozinheiros que tinham perdido seus empregadores aristocratas desde a Revolução. Inspirando-se na crítica teatral, inventa o jornalismo gastronômico e publica, de 1803 a 1812, o *Almanach des gourmands*, que servirá de modelo para os famosos *Guides Bleus*. Célebre por seus banquetes fora das normas, Grimod de La Reynière, mais do que um *bon-vivant*, é alguém que gosta de viver intensamente. É verdade que tinha a arte de saborear todas as experiências: inclusive a que consistiu, na manhã de sua morte, em saborear um simples copo de água. ■

Edmond Rostand

"É um pouco cedo!"

† 2 de dezembro de 1918,
Paris,
50 anos

Edmond Rostand é, de algum modo, a última vítima, absurda, da Primeira Guerra. Foi nos bastidores do Teatro Sarah Bernhardt, onde estavam representando sua peça *O filhote da águia* para festejar o Armistício, que o grande dramaturgo da Terceira República se resfriou. Volta para casa tremendo, já com febre. É atingido por uma pneumonia, causada pelo vírus da gripe espanhola – o que seus próximos ocultam dele. É só quando vê a garrafa de oxigênio que trazem para ajudá-lo a respirar que Rostand compreende a gravidade da doença. "Por que não me disseram que eu estava para morrer? Teria tomado algumas providências!", exclama aquele que estava finalizando uma tradução do *Fausto* de Goethe. Marca uma pausa e, consternado, observa que a Ceifadora chegou antes da hora prevista. Sua última frase repercute estranhamente a réplica de seu Cyrano de Bergerac diante da alusão feita ao comprimento de seu nariz: "[Dizer isso] É um pouco curto!". ■

Vincent van Gogh

"Para quê? A tristeza durará para sempre."

† 29 de julho de 1890,
Auvers-sur-Oise,
37 anos

Van Gogh está muito agitado. Vaga pelos campos de Auvers-sur-Oise, instala seu material de pintura numa plantação de trigo – e dá um tiro no próprio peito. A bala não atinge o coração, ele volta cambaleando para a estalagem e se refugia no quarto. O estalajadeiro o descobre ao cair da noite, moribundo, deitado na cama, com a cara virada para a parede. Os médicos, incapazes de extrair a bala alojada na coluna vertebral, contentam-se em enfaixar seu peito. Avisado, seu irmão Theo chega de Paris no dia seguinte. "Mais uma vez falhei", lhe diz Vincent. Theo chora, fala longamente em holandês com seu irmão, garante que ele será salvo. Ao que o pintor, que vendeu um único quadro em toda sua vida, responde que sobreviver seria ainda mais doloroso, já que "a tristeza durará para sempre". Extingue-se, suavemente, à 1h30min da madrugada. Os psiquiatras discutiram muito sobre o tipo de loucura de que Van Gogh teria sofrido: esquizofrenia, bipolaridade, saturnismo? Mas esse tipo de raciocínio não leva a nada: por meio de suas pinturas e de suas cartas, o artista se impõe como o mais atento, o mais lúcido, o mais rigoroso dos homens. Somos, portanto, tentados a concordar com Maurice Pialat, que, antes mesmo de filmar a biografia do pintor, já propunha em *Aos nossos amores* uma interpretação forte de suas últimas palavras: "Então eu acho que ele quis dizer que os outros é que são tristes. Não acham? Vocês é que são tristes". ■

Kurt Cobain

"Não tenho mais paixão, então lembrem: é melhor queimar de uma vez que ir se extinguindo lentamente."

† 5 de abril de 1994,
Seattle,
27 anos

Adolescente abandonado pela mãe, Kurt Cobain ia às vezes passar a noite na recepção da clínica onde nasceu. Transformado em estrela internacional, no comando do Nirvana, ele se deixa lentamente devorar pelo sentimento de que é uma fraude. Junta-se então ao "clube dos 27", que reúne os ícones do rock mortos aos 27 anos (como Janis Joplin, Jimi Hendrix, Brian Jones e, bem mais tarde, Amy Winehouse), metendo uma bala de fuzil na cabeça depois de se injetar de uma dose cavalar de heroína. Em sua carta de adeus endereçada aos fãs, à esposa Courtney Love e à filha Frances, zomba de si mesmo: "O infeliz, melindroso, mal-agradecido, pisciano, homenzinho de Jesus! Por que você simplesmente não aproveita? Eu não sei!". E conclui com uma máxima da sabedoria *rock* tomada de empréstimo a uma canção fetiche da jovem geração *grunge*, "Hey Hey My My", do glorioso Neil Young. Em versão original: "*It's better to burn out than to fade away.*" Neil Young fica tão comovido que, alguns meses depois, dedica a Kurt Cobain seu novo álbum intitulado *Sleeps with Angels* [Dorme com os anjos]. ■

Jesus Cristo

"Meu Deus, meu Deus, por que me abandonaste?"

† Véspera da páscoa judaica, no ano 28 ou 29,
Jerusalém,
33 anos

Essas últimas palavras de Cristo, no momento em que está agonizando na cruz, são relatadas pelos evangelistas Mateus e Marcos. E com a conversão do Império romano ao cristianismo, elas se impuseram como palavras das mais decisivas para a história da humanidade. Esse último grito de aflição imprimirá de fato um dilaceramento irremediável no inconsciente psicopolítico do Ocidente. Pois a religião cristã não traz consigo apenas a ideia de um Deus feito homem, executado da maneira mais miserável e humilhante – a crucificação era então reservada aos criminosos. Ela inventa também a figura de um Deus que padece a mais radical aflição: um Deus que abandona a si mesmo. Em suma, "Deus morreu" na cruz, compreenderá Hegel, decifrando a história do espírito. Nietzsche dará uma amplitude inaudita a essa constatação vertiginosa. De lá para cá, a maior parte dos ocidentais vive às voltas com essa questão torturadora, experimentando, e isso é inédito, uma existência privada de fundamento, de garantia e de apoio últimos. "Livre, abandonado", resumirá Samuel Beckett. ■

Guy de Maupassant

"Trevas, oh! Trevas!"

† 6 de julho de 1893,
Passy,
42 anos

A sífilis, o abuso do éter e uma predisposição à psicose (seu irmão também atravessa crises de demência) acabam levando Guy de Maupassant ao reino da loucura. Em janeiro de 1892, tenta se suicidar por duas vezes consecutivas. É internado então na clínica do doutor Blanche, onde, com o rosto quase sempre virado para a parede, não para mais de delirar: "Vou fazer Deus morrer contaminando-o com a bexiga negra". No verão de 1893, mergulha no coma durante seis dias, desperta por um instante, como que para sublinhar o caráter integralmente tenebroso da vida humana, depois se extingue definitivamente. Maupassant parece querer formular uma última vez o motivo essencial que anima sua obra. Afinal, suas trezentas novelas não seguem um roteiro recorrente que faz do trágico a marca por excelência do mundo moderno? Não colocam em cena personagens cujas aspirações à felicidade são invariavelmente trituradas por um destino cruel? Para o autor de *Horla*, a existência é uma farsa tanto mais sinistra, já que a esperança vem sempre nos enganar, nos frustrar e, assim, redobrar nosso sofrimento. Em suma, trevas e mais trevas. ■

Johann Wolfgang von Goethe

"Mais luz!"

† 22 de março de 1832,
Weimar,
82 anos

As últimas palavras – "Mehr Licht!" – do primeiro romântico foram tão repetidas, comentadas e celebradas que parecem envoltas numa aura sagrada. Goethe, no entanto, estava apenas pedindo para abrirem a veneziana, adoram dizer os espíritos zombeteiros: nada a ver, portanto, com um *plus* de sabedoria cósmica. Contudo, essa atitude irônica não resiste a um exame biográfico. Ver aí apenas uma exigência prosaica significa negligenciar o fato de que o poeta, como revelou a seu discípulo Eckermann, tinha se engajado no "combate" pela luz, cuja "pureza e verdade" reconheceu em sua *Teoria das cores*. Seria esquecer também que um dos últimos grandes poemas de Goethe, *O bem-aventurado anseio*, utiliza a imagem da mariposa atraída pela chama de uma vela para propor a ética do "morre e vem a ser", capaz de nos tirar da condição de "hóspedes obscuros" da existência. Além disso, por que se deveria opor uma simples percepção empírica – "Esse quarto está muito escuro" – a uma intuição espiritual – "Mais luz!"? Os sentidos e *o* sentido não andam juntos? Esta é a grande lição romântica: a luz terrestre e a luz do espírito, isto é, o real e o ideal, evocam-se reciprocamente. E se reúnem numa única e mesma frase. ■

Gustav Mahler

“Mozartl! Mozartl!”

† 18 de maio de 1911,
Viena,
50 anos

Janeiro de 1891, ópera de Budapeste, Mahler rege *Don Giovanni*. O velho Brahms está maravilhado: "Me dei conta de que até hoje nunca tinha ouvido Mozart", escreve ao maestro. Mahler está apenas em seus começos: ainda não compôs as sinfonias tumultuosas, polifônicas, suntuosas, que levarão a seu ponto de ruptura a grande herança romântica e que, influenciando decisivamente Schönberg, Webern e Berg, abrirão um novo caminho para a música do século XX. Mas, paradoxalmente, esse artista dilacerado, hipersensível, em busca do absoluto, nunca deixará de manter uma relação íntima com o "amado dos deuses", Amadeus. Tanto é que em seu leito de morte, atingido por uma infecção generalizada (uma endocardite bacteriana subaguda) e velado por sua esposa Alma, é "Mozartl" – "meu pequeno Mozart", já que, na Áustria, o acréscimo do "l" final é a marca de um diminutivo afetuoso – que lhe vem à mente enquanto, com o dedo erguido, rege uma orquestra invisível. Como se, uma última vez, a louca alegria de Mozart viesse lhe oferecer a força necessária à travessia da tormenta. ■

Paul Cézanne

"Pontier! Pontier!"

† 22 de outubro de 1906,
Aix-en-Provence,
67 anos

Cézanne revolucionou a arte de seu tempo. Rompeu com a *re-presentação* do real e, portanto, com seu distanciamento, conseguindo captar a *presença* viva, direta, meditativa daquilo que é – razão pela qual gostamos de considerar o pintor da montanha Sainte-Victoire como um sábio moderno, um homem que soube, aqui embaixo, chegar à plenitude. Só que as palavras que profere durante sua agonia, se não desmentem, ao menos nuançam essa interpretação. "Jurei que morreria pintando", ele tinha escrito pouco tempo antes a um amigo. De fato, é após ter trabalhado várias horas no retrato de *Vallier sob a tília*, fora de casa apesar de estar com pneumonia, que suas forças o abandonam. De cama, não tarda a delirar, vociferando o odiado nome de Henri Pontier. Pontier? É o curador do museu Granet de Aix-en-Provence, que entrou na história justamente por sempre ter se oposto à entrada das obras de Cézanne em suas coleções – causando neste, que passou seus anos de aprendizagem em meio ao acervo do dito museu, uma ferida manifestamente incurável. A agonia de Cézanne nos recorda que, se alguns artistas atingem uma espécie de santidade laica, isso só ocorre no momento em que estão trabalhando. Uma vez solto o pincel, Cézanne volta a sua condição de homem normal, com os ressentimentos de um homem normal. ■

Mikhail Bakunin

"Não preciso de nada. Terminei minha tarefa."

† 1º de julho de 1876,
Berna,
62 anos

O revolucionário russo está esgotado. Atingido por uma insuficiência renal, sabe que está condenado. Doze anos de trabalhos forçados na Rússia, por ter liderado a insurreição de Dresden durante a Primavera dos Povos em 1849, envelheceram-no prematuramente. Teórico de um socialismo libertário, Bakunin gostava de saudar a alegria "criadora" da destruição e se impôs como o principal adversário de Marx no seio da primeira Internacional Comunista. Denuncia como espúria a pretensão do Estado, ainda que operário, de governar os homens e professa um ateísmo radical: se Deus não existe, o que há é unicamente a liberdade de cada um, e essa liberdade só pode se alimentar da liberdade de todos os outros. Daí talvez a tranquilidade de suas últimas palavras, proferidas enquanto afasta o prato de comida que lhe oferecem. Não é que sua ação ou seus escritos tenham realmente vingado, mas Bakunin sente que fez a sua parte. Como uma força da natureza que se lança no turbilhão das forças históricas para fazer ouvir sua voz singular, ele soube integrar seu destino ao espírito do tempo – e ainda foi capaz de acolher com elegante sabedoria o fim da partida. ■

Leonardo da Vinci

"Ofendi a Deus e aos homens porque meu trabalho não atingiu a qualidade que deveria ter tido."

† 2 de maio de 1519,
Amboise,
67 anos

O autor dessa declaração surpreendente não é outro senão o "gênio universal" da Renascença, o pintor da *Mona Lisa* e da *Última ceia*, o precursor de diversas descobertas científicas, o inventor prodigioso que conheceu em vida uma grandiosa fama. Uma personalidade caprichosa que se revela até em suas últimas palavras? A coisa não é tão simples. É Freud quem provavelmente nos oferece a solução do enigma. Em *Uma recordação de infância de Leonardo da Vinci*, ele propõe uma psicanálise do grande homem apoiando-se sobretudo na interpretação de um de seus primeiros sonhos (uma ave de rapina, com sua cauda, abre os lábios do menino e bate em sua boca). Freud desvenda assim no artista uma "exemplaridade do inacabamento". Ou, mais precisamente, o modelo por excelência da "sublimação": esse processo através do qual o questionamento da criança sobre sua origem (sexual) se transforma mais tarde numa verdadeira "pulsão de saber". Pulsão que não almeja tanto a realização de uma obra quanto o engajamento numa busca incessante. De fato, Leonardo deixou inacabadas dezenas de pinturas, croquis e projetos. E foi assim que alcançou alturas inestimáveis: mirando mais alto a cada vez. Num esforço infinito e infindo: sempre inacabado. ■

Ludwig Wittgenstein

"Diga a eles que tive uma vida maravilhosa."

† 29 de abril de 1951,
Cambridge,
62 anos

Wittgenstein é um dos filósofos mais influentes do século XX. Ele que nada tinha de um rato de biblioteca: não apenas porque sua obra é um empreendimento rigoroso de desmistificação das ilusões de sentido que a linguagem suscita, mas sobretudo porque sua vida é marcada pelo gosto por experiências difíceis. Depois de estudar engenharia aeronáutica, engaja-se como soldado na primeira guerra e escreve sua primeira obra-prima, o *Tractatus logico-philosophicus*, num campo de prisioneiros. Herda uma fortuna, mas a doa a artistas – entre os quais Rainer Maria Rilke. Torna-se professor primário numa cidadezinha do interior, enfrenta uma depressão, cogita se tornar monge, depois passa dois anos construindo a casa de sua irmã seguindo os princípios da arquitetura modernista. Consente finalmente em lecionar em Cambridge, mas se isola por dois anos numa cabana na Noruega para escrever sua segunda obra-prima, as *Investigações filosóficas*. Quando fica sabendo, em 1949, que está condenado por um câncer de próstata, não desanima. Pelo contrário, mergulha no estudo da teoria das cores e inicia a redação de *Da certeza*. A seu respeito, falou-se de uma vida arruinada por uma perpétua insatisfação. Mas lendo suas últimas palavras e recordando a atenção extrema que ele prestava a cada enunciado, chega-se a uma conclusão exatamente inversa. Wittgenstein conheceu a alegria de ser impelido pelo questionamento, a experimentação e a descoberta. Poucas horas antes de morrer, revela a sóbria fórmula de sua grande ética. ■

Napoleão Bonaparte

"França... exército... comando do exército."

† 5 de maio de 1821,
ilha de Santa Helena,
51 anos

As últimas palavras proferidas por Napoleão em seu delírio impressionam. Condensam o que estava em jogo na vida excepcional de um general da Primeira República que liderou as campanhas do Egito e da Itália, tomou o poder em 1799 com um golpe de Estado e se autoproclamou imperador aos 35 anos. A partir de então, não parou de estender as fronteiras de seu Império, fazendo, por algum tempo, de Barcelona, Roma e Amsterdã, capitais de departamentos franceses. A batalha de Waterloo, em junho de 1815, põe termo a sua ambição. Deixa atrás de si uma França profundamente transformada, mas exaurida. Para escapar da vingança de Luís XVIII, de volta ao poder, entrega-se aos ingleses, que o exilam em Santa Helena. Ao morrer, seis anos depois, provavelmente de um câncer no estômago, trabalhando em suas *Memórias*, Napoleão já se impôs à nova geração romântica como o protótipo do grande homem: capaz de encarnar o espírito da História e de imprimir nela sua vontade. ■

Clotário I

"Maldição! Quem é esse Rei do Céu que faz morrer assim os mais poderosos Reis da Terra!"

† 561,
Compiègne,
64 anos

Clotário I foi um rei decisivo na "pré-história" da França: quando de sua morte, o reino franco está em seu apogeu, cobrindo a Gália e uma parte da atual Alemanha. Mas o filho de Clóvis é um rei brutal e sem piedade, que começa sua carreira mandando assassinar três de seus sobrinhos. E termina seu reinado matando seu próprio filho, Chramn, acusado de rebelião, assim como a esposa e as filhas deste. Embora seu pai tenha se convertido ao cristianismo, e Clotário tenha prestado vassalagem ao imperador Justiniano, campeão da ortodoxia cristã, parece que um tipo de paganismo ainda colore sua visão das coisas. De fato, suas últimas palavras manifestam uma clara recusa aos limites: o que chamaríamos hoje de uma fantasia de onipotência. O quê? Nem mesmo aos reis seria concedido algum privilégio metafísico particular? Raramente a morte fez tanto jus a seu apelido de "grande ceifadora" de ilusões. ■

Jane Austen

“Nada além da morte.”

† 18 de julho de 1817,
Winchester (Hampshire),
41 anos

A vida de Jane Austen é discreta, modesta, misteriosa. Mas aquela que publicou, aos 36 anos e de maneira anônima, *Razão e sensibilidade*, escrito quinze anos antes, fez o romance inglês entrar na modernidade, depurando-o do sentimentalismo que predominava no século XVIII e inaugurando o estilo realista. Austen privilegia o cotidiano, as observações psicológicas, a descrição das mecânicas opressoras da sociedade. Para essa filha de pastor, o orgulho é um obstáculo para a verdade, a razão é superior aos sentimentos e a humildade é a virtude cardeal. Suas tiradas sarcásticas ferem o conformismo burguês: Jane Austen é uma romancista que "não quer saber de história". A doença a atinge aos quarenta anos – provavelmente uma insuficiência suprarrenal devida à tuberculose. Durante seus 18 últimos meses de vida, apesar do cansaço e da dor, lança-se em diversos projetos de livros em que trabalha com ardor, zombando de seu estado declinante. Na última noite, vendo-a torturada pela dor, sua irmã Cassandra pergunta se ela precisa de alguma coisa. A resposta é uma verdadeira bofetada: "*Nothing but death*". Como uma maneira de atingir o próprio osso da experiência humana: o real da morte que vem. E que a leva menos de meia hora depois. ■

Philippe Lacoue-Labarthe

"Uma espécie de blues."

† 28 de janeiro de 2007,
Paris,
66 anos

Philippe Lacoue-Labarthe se impôs como um dos mais belos e discretos filósofos de sua geração. Nunca deixou de pensar a impossível dialética entre o romântico e o trágico, de Hölderlin a Heidegger, passando por Nietzsche. É sua amiga Claire Nancy que recolhe suas últimas palavras no hospital, onde, dentro de uma tenda de oxigênio, morre de insuficiência respiratória. Ele "não vai bem", diz a ela. "Não vai bem como? Física ou psiquicamente?" Resposta: "Uma espécie de *blues*". A definição se faz ainda mais comovente vinda de um filósofo que, mais do que a filosofia, considerava a música como o verdadeiro pensamento. Ele, que tanto meditou a obra de Wagner até perceber nela o berço do delírio da vontade que ensanguentará o século XX europeu, via decerto em seu amor pelas músicas afro-americanas um "contraponto" terapêutico ao mestre de Bayreuth, escreve sua discípula Avital Ronell, que relata o episódio. Ao contrário do pesado fantasma wagneriano de uma "obra de arte total" capaz de engendrar um novo povo, o *blues* é essa "paráfrase" contínua cuja origem se dispersa nos confins dos tempos, essa ética da chamada e da resposta, essa pulsação áspera que se enrodilha na maior proximidade da existência e mantém juntos assim a queixa e o enlevo, a dor e a liberação, as pequenas mortes que nos habitam e a grande morte por vir. O *blues* ou a melodia do deixar ser, portanto: uma perfeita antiobra. ■

Louis-Ferdinand Céline

***“Pronto, terminado.
Vamos partir.
Para o mar.
Algum lugar... longe...”***

† 1º de julho de 1961,
Meudon,
67 anos

É à sua esposa Lucette que o escritor declara: "terminado". Refere-se a seu romance *Rigodon*, a que acaba de dar o toque final. O último volume de sua trilogia alemã – depois de *De castelo em castelo* e *Norte* – evoca sua fuga, em 1945, através da Alemanha, numa atmosfera de agonia, de destruição, de suicídio do III Reich. Nele, Céline se desvela mais do que de costume. E se pensa que o que está acabado é seu romance, eis que alguns minutos depois ele desaba no sofá de sua casa de campo em Meudon, fulminado por uma hemorragia cerebral. Alguns veem aí um simples acaso. Mas é possível identificar aqui um exemplo, perturbador, do fato de que raramente estamos ali onde falamos. Céline parte. Para o mar? Algum lugar... Longe? ■

Jean-Baptiste Greuze

"Se um dia você tiver a estranha ideia de pintar a morte, imagine uma mãe cruel que faz seus filhos dormirem para se livrar deles."

† 21 de março de 1805,
Paris,
79 anos

Jean-Baptiste Greuze foi um dos grandes pintores do Iluminismo. Animado pela fé protestante, rompe com o rococó e passa a compor cenas edificantes da vida cotidiana com títulos evocadores: *Pai de família explicando a Bíblia a seus filhos*, *A mãe bem-amada* ou, ainda, *O filho ingrato*. Entusiasmado, Diderot vê em Greuze o inventor de uma "pintura moral". Um século depois, Huysmans, através do protagonista de *Às avessas*, Des Esseintes, zombará desses "pudores hipócritas" e outras "imbecilidades morais". Mas temos de admitir que não há nada de tolo na impressionante imagem da morte que ele pinta para seu amigo Barthélémy poucas horas antes de se extinguir: a de uma madrasta cruel e dissimulada que adormece a razão no momento em que seria preciso mantê-la mais desperta do que nunca. ■

Alfred de Musset

"Dormir... finalmente vou dormir..."

† 2 de maio de 1857,
Paris,
46 anos

O poeta das *Noites* e de *Com o amor não se brinca* encarna em estado quase puro a figura do tormento romântico. Seus amores – especialmente com George Sand – são violentos. Sua escrita é febril. Sua vida inteira se passa entre exaltações e depressões. Em linguagem contemporânea, diríamos que ele tinha capacidades muito limitadas de resiliência. Seu mal-estar provinha em parte de uma má formação da aorta que impedia uma boa circulação do sangue, situação agravada, em seus últimos anos, por um alto consumo de álcool, morfina e clorofórmio. Compreende-se assim que, após uma última síncope, ele tenha recebido a morte como uma liberação: o tão aguardado repouso. Alguns dias antes, enquanto lhe davam um banho quente para aplacar suas dores, ele constatava: “Que coisa boa é a calma. É um grande erro se apavorar com a morte, que é apenas sua mais alta expressão”. ■

Jacques Chardonne

“As palavras são pássaros, não as encontro mais.”

† 29 de maio de 1968,
La Frette-sur-Seine,
84 anos

O pai espiritual, junto com Paul Morand, do movimento literário dos *hussards* participou ativamente da edificação da figura contemporânea do escritor reacionário: deplorando a passagem do tempo e a extinção das existências tradicionais, cultivando a fantasia do exílio, as poses viris e as conversas desenvoltas, perseguindo o absoluto das histórias de amor. O autor de *Romanescas*, *Quiméricas* e *Os destinos sentimentais* professa uma estetização da vida diante do desastre moderno da democracia. E é certamente uma frase de grande escritor a que profere alguns instantes antes de morrer. As palavras, segundo ele, que outrora eram escritas com penas, voam, fogem, rodopiam. Têm uma dimensão celeste. Permitem escapar da "vida mortal". Cantam a melancólica leveza do ser. ■

Marcel Proust

"Agora, posso morrer."

† 18 de novembro de 1922,
Paris,
51 anos

Proust começa a escrever *Em busca do tempo perdido* em 1906. O segundo volume é publicado em 1919. De saúde frágil, o escritor sabe que não tem muito tempo de vida e se consagra inteiramente a sua obra. Vive recluso, sai à noite para jantar no Ritz ou ir ao bordel, fecha-se em seu quarto o dia todo. Mas nem por isso está sozinho: sua governanta, Céleste Albaret, jovem camponesa espirituosa que ele adora, cuida dele, ouve-o, organiza suas folhas espalhadas pela cama. É assim que em três anos ele compõe os cinco últimos volumes do grande romance iniciático que transformará a literatura mundial. Na primavera de 1922, anuncia a Céleste: "Esta noite, escrevi a palavra fim. Agora, posso morrer". No outono, resfria-se, mas se recusa a ver o médico. Uma bronquite se declara. Céleste não dorme mais, nem Proust, que retrabalha até o fim os manuscritos de *A prisioneira* e de *A fugitiva*. O escritor morre de esgotamento. E, certa manhã, Céleste fecha os olhos de seu grande confidente. A exemplo do narrador de *Em busca do tempo perdido*, Proust aparentemente fracassou em sua vida, mas, na verdade, realizou sua existência: descobriu seu sentido transmutando-a numa obra literária. Redescobriu o Tempo. Não o dos relógios, mas o tempo verdadeiro em que passado, presente e futuro se conjugam, se confundem – e assim nos libertam. ■

Gérard de Nerval

"Não me espere esta noite, ela será preta e branca."

† 26 de janeiro de 1855,
Paris,
46 anos

Essas são as palavras que o poeta romântico, cujo verdadeiro nome era Gérard Labrunie, envia a sua tia em 24 de janeiro de 1855. Nerval não tem mais domicílio fixo. Dorme aqui ou ali, vaga pelas ruas da cidade, escreve raras linhas nos cafés. Paris está debaixo de neve. Na manhã do dia 25, um amigo vem tirá-lo da prisão onde foi jogado na véspera por vagabundagem. Nerval agradece, mas não aceita o dinheiro que o amigo quer lhe emprestar e desaparece novamente. Encontram seu corpo congelado às primeiras luminosidades da manhã, pendurado no cadarço de couro que amarrou a uma grade de janela no fundo da sinistra ruela de la Vieille-Lanterne – ali mesmo onde será o futuro Teatro Sarah-Bernhardt, depois Théâtre de la Ville, no Châtelet. Um ano mais tarde, Baudelaire, no prefácio a sua tradução de uma coletânea de contos de Edgar Allan Poe, recorda seu amigo. Suas palavras entram em ressonância com a derradeira mensagem do autor das *Quimeras*: Nerval, escreve Baudelaire, escolheu "libertar sua alma na rua mais escura que conseguiu encontrar". ■

Hunter S. Thompson

"Relaxe – não vai doer."

† 20 de fevereiro de 2005,
Woody Creek (Colorado),
67 anos

Hunter S. Thompson atravessou a vida fora de qualquer lei, animado pela raiva, pelo gosto por gestos imprevisíveis e por sua vocação de escritor. Foi assim que inventou o "jornalismo gonzo" em meados dos anos 1960, encarnando um personagem extravagante, completamente drogado, que se coloca em cena no meio das reportagens. Vive um ano com uma gangue de Hells Angels – que rompe com ele uma vez publicada a reportagem –, escreve o cultíssimo *Medo e delírio em Las Vegas* e entrevista o presidente Nixon sob efeito de LSD. Mas seu corpo não aguenta: há alguns meses, vive numa cadeira de rodas. Fala na morte com frequência. Em 16 de fevereiro de 2005, escreve uma carta a sua jovem esposa, Anita, e conclui: "A diversão acabou – para todos. 67. Você está ficando ganancioso. Aja conforme sua velhice. Relaxe – não vai doer". Quatro dias depois, Hunter está na frente de sua máquina de escrever. Acaba de trocar algumas palavras ternas e sóbrias com Anita no telefone. Seu filho, que veio vê-lo trazendo a esposa e o filho, está na sala ao lado. Thompson carrega seu revólver e mete uma bala na cabeça. Como um último jorro de raiva fria e liberdade radical endereçado àqueles que o amam. ■

Marechal Ney

"Não sabem que há vinte e cinco anos estou acostumado a olhar de frente as balas de fuzil e de canhão?"

† 7 de dezembro de 1815,
Paris,
46 anos

Desde as guerras da Revolução Francesa até as campanhas napoleônicas, Michel Ney se fez célebre por um heroísmo transbordante, sempre disposto a lutar no meio de seus homens e a voltar coberto de sangue, mas vitorioso. Para Napoleão, que o nomeia Marechal da França em 1804, ele era o "Bravo entre os bravos". O que não o impede de se aliar aos Bourbons depois da rendição de Paris, em 1814, por não apreciar mais as maneiras de "tirano" do imperador. Durante os Cem Dias, volta a estar ao lado de Napoleão, e é por pouco que escapa da morte durante a batalha de Waterloo. Quando da segunda Restauração, Luís XVIII decide punir os oficiais que o traíram em favor de Bonaparte, então, Ney é condenado ao fuzilamento. Quando querem vendar seus olhos, recusa, e recorda ao pelotão à sua frente que sempre soube encarar a morte. "Mirem no coração!", teria dito ainda. ■

Rainer Maria Rilke

"Quero morrer a minha morte, não a morte dos médicos."

† 29 de dezembro de 1926,
Montreux,
51 anos

Rilke, em sua residência de Muzot, na Suíça, tinha composto, em 1924, um livro de poemas intitulado *As rosas*. E foi cortando a mão com um espinho de rosa, alguns meses depois, que descobriu estar doente: a pequena ferida infecciona rápido, sintoma da leucemia que levará o poeta em meio a dores atrozes. A obra de Rilke é, antes de tudo, uma meditação sobre a morte e, mais precisamente, sobre "a grande morte que cada um leva em si", e que é "o caroço ao redor do qual tudo gira". Acolher a morte que cresce em nós dia após dia não é negar a vida, diz-nos o autor dos *Sonetos a Orfeu*. Ao contrário, é abarcá-la em toda sua dimensão. É avançar no "Aberto", longe do "mundo interpretado". Daí essa última palavra endereçada ao médico para recusar uma injeção que aplacaria sua agonia, mas o privaria de uma relação direta com a mais decisiva das experiências. ■

Chamfort

"Isso é que é ser desajeitado, nunca fiz nada direito na minha vida, nem mesmo me matar!"

† 13 de abril de 1794,
Paris,
53 anos

O moralista Sébastien-Roch Nicolas, mais conhecido como Chamfort, é um revolucionário entusiasta. Engajado do lado dos girondinos, seus artigos e declarações são animados por um espírito cáustico, afiado, brilhante. Mas provavelmente lhes faz falta a virtude da prudência, exaltada em suas *Máximas e pensamentos*. Em setembro de 1793, em pleno Terror, é jogado na prisão, de onde sai dois dias depois. Em 14 de novembro, avisam-no de que está prestes a ser preso novamente. Resolve se suicidar com uma bala na cabeça, mas só consegue arrancar o nariz e um pedaço da mandíbula. Tenta então se degolar com uma faca de cortar papel, mas, não encontrando a artéria, faz cortes no peito e nas coxas. Aos soldados que vêm buscá-lo, declara, banhado no próprio sangue: "Sou um homem livre; nunca me farão voltar a entrar vivo numa prisão". Acabam desistindo de levá-lo. Chamfort sucumbirá a seus ferimentos cinco meses depois, maldizendo, com uma tirada de humor negro, sua falta de habilidade manual. ■

Honoré de Balzac

"Chamem Bianchon! Só Bianchon pode me salvar!"

† 18 de agosto de 1850,
Paris,
51 anos

O doutor Bianchon é um personagem bondoso e discreto da *Comédia humana.* E já que soube cuidar tão bem do pai Goriot, da prima Bette, de Vautrin e da amante de Rubempré, é ele que Balzac invoca em seu delírio, quando já não lhe restam mais do que algumas poucas horas! O escritor está num estado desesperado: de sua viagem à Rússia, onde desposou a condessa Hanska, voltou "casado, rico e moribundo", anota Victor Hugo, que o visita na noite de sua morte. Sofre de crises de sufocamento e de graves problemas cardíacos devido ao abuso de café, de álcool e de noites em branco, assim como ao trabalho excessivo que se impôs ao longo de toda a vida. Sua perna está gangrenada. Impotentes, os médicos já não o visitam mais. Porém, como todo grande romancista, Balzac soube dotar cada um dos seus personagens de uma vida própria. A ponto de chamar um deles, numa última alucinação, à cabeceira de seu leito de morte. ■

Guillaume Apollinaire

"Quero viver... Quero viver. Tenho tantas coisas a fazer."

† 9 de novembro de 1918,
Paris,
38 anos

Quando, no dia 17 de março de 1916, um obus explode a vinte metros dele, Apollinaire – ou, antes, o capitão de Kostrowitsky – está lendo tranquilamente a revista *Mercure de France* em sua trincheira. Ferido na cabeça, é submetido a uma trepanação (cirurgia de perfuração do crânio), em Paris, no dia 9 de maio, mesmo dia em que é publicado seu livro de contos *O poeta assassinado,* em cuja capa se vê um cavaleiro com o crânio ensanguentado. Não morre desse ferimento, mas fica muito fragilizado. Em 1917, Apollinaire inventa a palavra "surrealismo" – e quase morre por causa de uma congestão pulmonar. É uma epidemia de febre espanhola que, no ano seguinte, acaba com ele. Queimando de febre, o poeta luta durante cinco dias, apavorado com a ideia de morrer. Implora ao médico que o salve, e é a ele que confia suas últimas palavras. Enterram seu corpo no dia do armistício: o *Kaiser* Wilhelm II, conhecido na França como Guillaume, acaba de abdicar. Enquanto o carro fúnebre de Apollinaire atravessa Paris, ouvem-se gritos por toda parte: "Morte a Guillaume!". ■

Hokusai

"Se os céus tivessem me concedido mais cinco anos, teria me tornado um grande artista."

† 10 de maio de 1849,
Edo (atual Tóquio),
89 anos

A vida de Katsushika Hokusai se confunde com sua arte. Ele pula de escola em escola, experimenta todos os estilos, revoluciona a estampa japonesa iniciando-se na perspectiva ocidental, conhece o sucesso com seu prolífico *Hokusai Manga*. Sua maneira única de captar as potências vitais e elementares da natureza encantará e inspirará Van Gogh, Monet, Debussy... Mas passa os últimos dez anos de vida na pobreza, assinando seus quadros como Gakyô Rôjin Manji, "o velho louco por pintura". Como um ritual, realiza um novo desenho a cada manhã. Continua buscando. Afinal, foi ele quem escreveu que o que tinha feito até os 70 anos – ou seja, antes da célebre *A grande onda de Kanagawa* – não contava; que aos 90 anos penetraria o segredo das coisas; e aos 110 atingiria a perfeição. Assim, sua última frase nada deve à inconsciência ou à vaidade. É apenas a constatação de que faltou tempo para que alcançasse a santidade. ■

César Franck

“*Deus permitirá que eu termine meu* Magnificat *no céu.*”

† 8 de novembro de 1890,
Paris,
67 anos

César Franck é uma figura meio esquecida da cena musical francesa. Culpa, em parte, da lenda do bom pai de família cristão difundida por seus discípulos. É verdade que sua carreira se organiza ao redor do órgão da basílica Sainte-Clotilde, em Paris, de que será o titular até sua morte. Mas seu temperamento tranquilo, bonachão, apagado – durante muito tempo foi oprimido por um pai tirânico – dá lugar em muitas de suas obras a um romantismo apaixonado, às vezes tumultuoso, sempre saboroso, e que parece contradizer sua devoção religiosa. Resta que, no limiar da morte – Franck sofre de pleurisia –, com o pároco de Sainte-Clotilde em sua cabeceira, o autor de *Redenção* se abandona a uma declaração ingênua, encharcada de água benta. Evocando seu *Magnificat* inacabado, tranquiliza-se dizendo para si mesmo que o grande patrão cósmico o autorizará a concluí-lo uma vez ressuscitado. Como uma última, mas discreta, tentativa de misturar aos coros celestes sua voz singular e secretamente atormentada. ■

Nero

“Que artista morre comigo!”

† 9 de junho de 68,
Roma,
30 anos

O povo romano teve diversas oportunidades de se escandalizar com os atos de seu imperador Nero. Depois de mandar assassinar sua mãe, Agripina, boatos o acusam de ter, em 64, assistido tranquilamente ao incêndio de Roma tocando sua lira. Seguindo a seu modo a divisa "Pão e circo", entrega os cristãos à fome de violência do povo, e os faz massacrar com tamanha crueldade que os próprios romanos começam a sentir compaixão por eles. Cada vez mais isolado, mais ameaçado por numerosas conspirações, cada vez mais demente, obriga ao suicídio seu ex-conselheiro, o filósofo Sêneca, e manda cortar a cabeça de sua primeira esposa para oferecê-la à segunda. Mas há um escândalo ainda maior aos olhos de Roma: ver seu imperador aparecer em público como um simples músico em busca de aplausos. É verdade que Nero queria mesmo ser artista. Em 67, deixa Roma por um ano e vai para a Grécia participar de uma série de jogos como cantor, ator e piloto de quadriga: ganha, naturalmente, todos os prêmios e proclama solenemente a liberdade das cidades gregas. Ao retornar, o Senado sentencia sua queda e o obriga ao suicídio. Suas últimas palavras evocam a vida boêmia que não pôde ter. ■

Arquimedes

"Não estrague os meus círculos!"

† 212 a.C.,
Siracusa,
75 anos

Foram precisos três anos de cerco para os exércitos romanos do cônsul Marcellus finalmente tomarem Siracusa. É verdade que Arquimedes não facilitou a tarefa deles. O genial cientista grego não apenas revolucionou a matemática e a física de seu tempo, foi também o engenheiro sagaz que projetou catapultas e, reza a lenda, um extraordinário sistema de espelhos capaz de concentrar a luz do sol e incendiar os navios inimigos. Marcellus fica tão impressionado que ordena a suas tropas que poupem Arquimedes, esperando decerto ganhá-lo para a causa de Roma. Pois é, mas eis que, quando os romanos invadem a cidade, Arquimedes está ocupado, na praça pública, estudando formas geométricas que traçou na areia. A um soldado, provavelmente na maior adrenalina, ele ordena rispidamente que não bagunce suas figuras. Plutarco conta que, irritado, o romano responde ainda mais rispidamente, matando-o com sua espada. ■

Marcel Pagnol

"Está vendo, Jacotte, não dá para vencer em tudo na vida."

† 18 de abril de 1974,
Paris,
79 anos

Marcel Pagnol teve uma vida muito bem-sucedida. Nascido no sul da França, na cidadezinha de Aubagne, filho de um professor primário e de uma costureira, menino talentoso, aluno brilhante, romancista e dramaturgo cuja ambição o leva a Paris, Pagnol tem a intuição – contrária à opinião de seus amigos – de que uma obra enraizada localmente poderia fazer a diferença. E é assim que conhece, no fim dos anos 1920, um verdadeiro triunfo com suas peças de teatro de acento marselhês, *Topázio* e *Marius*. A chegada do cinema falado o convence a passar para a telona. A trilogia *Fanny*, *Marius* e *César*, que ele roteiriza, torna-se um enorme sucesso de público. Cioso de liberdade, é também um dos primeiros cineastas a fundar sua própria produtora, com um faro aguçado para os negócios. No fim de sua vida, volta ao romance. E conhece a glória cantando a de seu pai. Quando, aos 78 anos, é diagnosticado com um câncer, dá mostras da mesma combatividade que o animou durante toda sua vida. Assim, por ocasião da morte do presidente Georges Pompidou, pede, emagrecido, que reformem seu uniforme da Academia Francesa para que assista aos funerais, por mais que mal consiga dar alguns passos ao redor de sua cama. Duas semanas depois, por volta da meia-noite, é tomado por um mal-estar e perde a consciência. Desperta duas horas mais tarde e chama sua esposa, Jacqueline. Pega a mão dela, beija-a longamente e articula uma última frase de ironia agridoce: um adeus pudico e desolado. Morre pela manhã. ■

André Breton

“*Péssima maneira de sair de cena.*”

† 28 de setembro de 1966,
Paris,
70 anos

André Breton tinha predito a seus amigos que não passaria dos 70. No verão de 1966, o papa do surrealismo sofre de frequentes crises de sufocamento: "Sinto falta de ar", ele diz. Vai então repousar em sua casa de Saint-Cirq-Lapopie, na região do Lot. Praticamente não sai mais de casa. Seus amigos o surpreendem de roupão, ele que sempre os recebeu de terno e gravata. O ex-estudante de medicina se recusa a ver um médico. No dia 26 de setembro, tem uma crise de asma aguda. Como o hospital de Cahors não tem recursos para atendê-lo, é transportado para Paris de ambulância. Chegando lá, afirma estar se sentindo melhor e pede que o deixem em seu apartamento, na rua Fontaine, onde sua filha Aube o aguarda. Seu estado se agrava durante a noite. Para levá-lo ao hospital Lariboisière, a algumas centenas de metros dali, instalam-no numa maca. No momento de sair do prédio, o antologista do humor negro solta uma última pérola de ironia. Morre ao amanhecer, de uma parada cardíaca. ■

Oscar Wilde

"Ou é esse papel de parede que está desaparecendo, ou sou eu!"

† 30 de novembro de 1900,
Paris,
46 anos

Faz três anos que Oscar Wilde fugiu da Inglaterra vitoriana. O escritor e esteta de espírito mordaz está arruinado, quebrado pelos processos e pelos dois anos de prisão, em Reading, por homossexualidade. Refugiado na França, esse notívago inveterado vive numa ociosidade dispendiosa, quando na verdade praticamente não tem mais rendas. A única coisa que escreve é o longo poema *A balada do cárcere de Reading.* No outono de 1900, violentas enxaquecas o atormentam, seu ouvido está infeccionado, os médicos diagnosticam uma meningite decorrente talvez da sífilis. A operação custa caro. Wilde tem que pedir emprestado a deus e o mundo. "Morro acima dos meus meios", ele anota: essa frase é conhecida, está colada na parede, no saguão do hotel da rua des Beaux-Arts, onde ele agonizou por dois meses. Porém, mais saborosa ainda é a exclamação lançada pelo eterno dândi, poucos dias antes de sua morte, contra a decoração de seu quarto. Quase mudo, talvez nem sequer mais plenamente consciente, manda chamar um padre e se converte ao catolicismo. Morre no dia seguinte. ■

Eugene O'Neill

"Eu sabia! Eu sabia! Nascido num quarto de hotel e, maldito seja, morto num quarto de hotel!"

† 27 de novembro de 1953,
Boston,
65 anos

Coroado pelo Prêmio Nobel de literatura em 1936, Eugene O'Neill foi o dramaturgo que conferiu ao teatro norte-americano suas cartas de nobreza. Sua escrita reflete uma vida caótica, aventurosa, sempre em movimento. O'Neill nasceu num quarto de hotel da Broadway – sua mãe estava acompanhando o marido, célebre ator de teatro, numa turnê. Aos 20 anos, põe o pé na estrada: garimpeiro em Honduras, marinheiro em rota para a África do Sul ou para a Inglaterra, mendigo em Buenos Aires... De volta aos Estados Unidos, tuberculoso, começa a escrever freneticamente e recebe o prêmio Pulitzer aos 28 anos. Suas peças oscilam entre realismo cru e simbolismo alucinado, mas encontram seu centro de gravidade na transposição do espírito das tragédias antigas para as existências democráticas, comuns, contemporâneas. É precisamente esse senso da tragédia, com uma boa pitada de ironia, que vibra em suas últimas palavras, no momento em que, sofrendo há dez anos do mal de Parkinson, agoniza no quarto 401 do hotel Sheraton de Boston. Sua vida é uma "longa jornada noite adentro", para retomar o título de sua obra-prima autobiográfica. Jornada que, é preciso dizer, parece descrever um grande círculo. ■

Auguste de Villiers de L'Isle-Adam

"Pois bem, hei de me lembrar desse maldito planeta."

† 18 de agosto de 1889,
Paris,
50 anos

Aristocrata decaído, sonhador acordado, prosador sarcástico, brilhante orador, Villiers de L'Isle-Adam foi um dos inspiradores do movimento literário simbolista em sua busca por um além da realidade. Porém, suas obras-primas – como seu romance de ficção científico-metafísica *A Eva futura* – não fizeram sucesso e, sem dinheiro, viveu uma vida de boêmio. No inverno de 1888, atingido por um câncer do aparelho digestivo, não pode mais trabalhar. Mallarmé, seu amigo mais fiel, coleta dinheiro para ajudá-lo e organiza, cinco dias antes da morte de Villiers, o seu casamento com Marina Brégeras, a fim de legalizar a situação do filho que os dois tiveram. É ainda o poeta de *Um lance de dados* quem recolhe as últimas palavras do amigo, carregadas de dor, despeito e da intuição de um além-mundo onde a lembrança deste ainda persistiria. ■

Antoine de Saint-Exupéry

“Se for abatido, não lamentarei. O cupinzeiro futuro me apavora, e odeio as suas virtudes de robôs. Eu fui feito para ser jardineiro!”

† 31 de julho de 1944,
Marselha, no Mediterrâneo,
44 anos

O *Pequeno príncipe* marcou a educação espiritual das jovens gerações laicas do pós-guerra. A leitura do conto filosófico de Saint-Exupéry, publicado em 1943, ensinava-lhes que "o essencial é invisível para os olhos" e que o valor de uma rosa está no tempo que consagramos ao seu desabrochar. O autor de *Voo noturno* foi, nos anos 1930, um piloto de excepcional coragem. Mas, em 1943, é um piloto ultrapassado, prejudicado por sua saúde frágil e que já sofreu diversos acidentes. Mesmo assim, consegue continuar voando em missões de reconhecimento fotográfico. Certa manhã, a bordo de um F5 Lightning, desaparece perto de Marselha, vítima de uma avaria técnica, ou talvez abatido por um caça alemão. Alguns dias antes, uma carta endereçada a seus amigos exortava-os a não se entristecerem caso ele viesse a morrer. Sua invectiva contra as "virtudes de robôs" não é tanto uma condenação do progresso técnico – afinal, estava acostumado com as mecânicas sutis de um aeroplano – quanto um alerta sobre nossa relação pulsional com ele: que transforma o homem moderno num ser essencialmente calculista, que se recusa a doar o tempo necessário ao amor por uma rosa e só acredita naquilo que seus olhos veem. Uma carta com valor de testamento espiritual, não há dúvida. ■

Charles Péguy

"Atirem, atirem, com todos os diabos!"

† 5 de setembro de 1914,
Villeroy,
41 anos

A obra de Charles Péguy é inspirada por uma filosofia singular, e muito bonita, da República francesa. Exortação a um engajamento místico, sua lição só podia ser deturpada pelas vicissitudes de uma simples política. Sua defesa ardente de um socialismo libertário cede lugar, no início dos anos 1900, a um pensamento de fortes acentos patrióticos e católicos. Com a aproximação da Primeira Guerra Mundial, esse "descontemporâneo", como o designou Alain Finkielkraut, promete mandar fuzilar seu ex-companheiro dreyfusista Jean Jaurès por causa de sua posição pacifista. Mobilizado, torna-se tenente no 276º regimento de infantaria. "Está vendo os meus rapazes? Juntos, vamos refazer 93!", declara a um amigo. É enviado para o *front* do rio Marne. Durante uma operação em terreno descoberto, seu pelotão é surpreendido pelo fogo da metralha alemã. "Deitem-se e atirem à vontade!", ordena. Mas permanece de pé e, enquanto exorta mais uma vez seus soldados a responderem ao fogo inimigo, recebe uma bala em plena testa. A guerra tinha acabado de começar. Um ano antes, Péguy escrevera um poema em tom épico-beato: "Felizes daqueles que morreram nas grandes batalhas". ■

Agripina, a Jovem

"Golpeia este ventre e o castiga por ter carregado o teu senhor!"

† 23 de março de 59,
Miseno, perto de Nápoles,
43 anos

A tragédia de Agripina Menor nos remete ao lado obscuro do Império romano. Ela é a esposa do imperador Cláudio, mas também a mãe de Nero – fruto talvez de um incesto com seu irmão Calígula – e nunca parou de tramar, intrigar e encomendar assassinatos para levar seu filho ao poder. Porém, uma vez coroado imperador em 54, Nero não suportará muito tempo essa mãe intrusiva, faminta de poder, que conta com numerosos aliados entre as fileiras do exército romano. Tenta envenená-la, mas Agripina, especialista em venenos, não cai na esparrela. Tenta então fazê-la morrer no mar, sabotando sua galera. Falha novamente: Agripina consegue nadar até a costa e se refugia em sua casa em Miseno. Nero envia então o centurião Aniceto para acabar com aquilo de uma vez. E é com um teatral senso da fatalidade que Agripina recebe seu carrasco. ■

Évariste Galois

“Não chore, preciso de toda a minha coragem para morrer aos vinte anos.”

† 31 de maio de 1832,
Paris,
20 anos

Évariste Galois terá sido para a matemática o que Arthur Rimbaud foi para a poesia: um gênio de intransigente precocidade. Descobre a ciência dos números aos 15 anos e se lança nela de corpo e alma. Lê e assimila os mestres, ingressa na Escola normal superior e redige duas monografias sobre a teoria das equações – que a Academia de Ciências não entende. Então o turbilhão da História o absorve: em julho de 1830, ele é um ardente revolucionário das comunas de Paris, próximo de Auguste Blanqui. Jogado na prisão por nove meses, elabora uma "teoria da ambiguidade", da qual nada subsiste. Quando recobra a liberdade, é uma história de amor que o consome. E ela termina mal: com um duelo. Na noite que antecede o encontro fatal, o jovem rapaz redige febrilmente um testamento matemático que – somado a suas monografias, uns poucos ensaios e alguns rascunhos – revolucionará a matemática um século depois. Com uma bala na barriga, morre no hospital Cochin. Nos braços de seu irmão em prantos, Évariste reúne uma última vez suas forças para enfrentar a tragédia de uma promissora vida ainda por viver, mas que mesmo assim já dera muito. ■

Henri de Toulouse-Lautrec

"Mamãe, você, só você."

† 9 de setembro de 1901,
castelo Malromé em Saint-André-du-Bois,
36 anos

Toulouse-Lautrec adorava pintar o rosto, os gestos, a beleza das mulheres que povoavam as noites de Montmartre: as dançarinas La Goulue e Jane Avril, pioneiras do cancã, a cantora Yvette Guilbert, as prostitutas dos bordéis onde chegou até a morar. Foi provavelmente graças a elas que pôde superar, por um tempo, a crueldade de seu destino. Por causa de uma doença congênita – decorrente talvez do fato de seus pais, que pertenciam à nobreza provincial, serem primos-irmãos –, suas pernas pararam de se desenvolver aos 14 anos. E se levou uma vida intensa, repleta de encontros, humor e provocações, seus últimos anos mais parecem um lento suicídio por meio do álcool. Em 1899, uma crise de *delirium tremens* o obriga a se internar numa clínica. Mas recomeça a beber assim que sai. No verão de 1901, tem um primeiro ataque de paralisia devido à sífilis, contraída uma década antes, e ao alcoolismo. Sentindo o fim próximo, refugia-se na casa de sua mãe, na região de Gironde. Ele, que interrogou com seu olho de pintor todas as mulheres, redescobre a primeira delas. A fim de superar a prova da separação derradeira, volta a ser, através de suas últimas palavras, a criança que tem o poder de invocar as benfazejas forças maternas. ■

Jean Racine

Dando um beijo em Nicolas Boileau...

"Para mim é uma felicidade morrer antes de você."

† 21 de abril de 1699,
Paris,
59 anos

Racine e Boileau têm quase a mesma idade, a mesma origem burguesa e a mesma ambição de subir na sociedade pela sua arte. Em 1677, por intermédio da poderosa Madame de Maintenon, ambos são nomeados "historiógrafos" do rei Luís XIV. A partir de então, deixam de lado suas obras pessoais para compor poemas à glória do monarca. Racine vive ao pé do rei, em Versalhes, ou nos campos de batalha. Boileau, quase surdo, vive recluso em Paris. Uma relação epistolar assídua os mantém unidos por quase vinte anos. Amparam-se reciprocamente em suas vidas de cortesãos, consultam-se sobre a qualidade de sua arte poética, trocam pudicas confidências. Daí o sublime testemunho de amizade que Racine lega a seu *alter ego* no momento em que está para morrer de um abscesso no fígado: uma inversão dos papéis em que aquele que se vai expressa compaixão pelo que fica. Pois o luto, parece nos dizer Racine, não é tanto fruto do peso da lembrança quanto de um apagamento do futuro: o luto são esses mil instantes da existência que perdem toda cor, sabor e sentido por não serem mais fecundados pela relação com nosso cúmplice. ■

Jules Renard

"Marinette, pela primeira vez vou lhe causar um grande, um enorme sofrimento..."

† 22 de maio de 1910,
Paris,
46 anos

O autor do romance autobiográfico *Poil de carotte* [Cabeça de cenoura] ainda é jovem, mas sua saúde declina, a fadiga o oprime, acorda de noite com os lençóis sujos de sangue – Renard sofre de uma arteriosclerose. A morte se faz cada vez mais presente em seu *Diário* e, já que tem medo dela, promete a si mesmo recebê-la "com toda nossa galhardia". O escritor, membro da Academia Francesa, permaneceu profundamente apegado a suas origens camponesas – passando grande parte de seu tempo em seu vilarejo natal, Chamot, na Borgonha. Seu estilo se aparenta a uma poesia em prosa minimalista, afiada, realista. Para ele, a imaginação é uma mentira insuportável e as "emoções literárias" só convêm ao "homem sem coração". Em seu leito de morte, dirige-se a sua esposa Marie, com quem viveu, por 22 anos, um casamento tranquilo, fiel, feliz. E é com uma fórmula ao mesmo tempo triste, irônica e prosaica, que ternamente lhe diz adeus. ■

Liev Tolstói

“A verdade... amo muito... todos...”

† 20 de novembro de 1910,
Astapovo,
82 anos

O velho e grande escritor russo aspira a uma vida tranquila. Não suporta mais sua esposa Sofia, possessiva, autoritária, apegada às honras aristocráticas. Certa manhã, acompanhado de uma de suas filhas, sai às escondidas de Yasnaya Polyana, a casa onde nasceu e escreveu seus livros. Mas, no trem, acaba apanhando uma pneumonia. Na estação de Astapovo, é examinado por vários médicos. Logo se forma um amontoado de jornalistas, espiões do tzar e policiais. E até um bispo que tenta inutilmente fazê-lo voltar atrás quanto a sua condenação da Igreja. Depois de ter pintado os tormentos heroicos da Rússia, o autor de *Guerra e paz* passou a pregar um cristianismo nu, liberado de qualquer dogma, reduzido unicamente à lei de amor professada por Jesus Cristo: um credo que se manifesta nas últimas palavras que profere. E sua esposa? Ela acorre, mas seus filhos a impedem de chegar perto do marido. Quando finalmente consegue se aproximar, ele já perdeu a consciência. ■

Francisco de Assis

"Seja bem-vinda, morte, minha irmã."

† 3 de outubro de 1226,
Assis,
cerca de 44 anos

O "pobrezinho" ("poverello") foi um dos grandes homens da história europeia. Nascido em Assis, esse filho de mercador só pensa em festas e em guerras. Aos 22 anos, porém, tem uma revelação e, a partir de então, passa a viver da maneira mais despojada possível. Atrai um grande número de discípulos e funda a ordem dos franciscanos, para a qual a pobreza e a humildade são as virtudes primordiais. Através do abandono de si, Francisco de Assis se abre à profusão dos dons da existência. É o que nos diz em seu sublime *Cântico das criaturas*, que servirá de inspiração a Dante em seu empreendimento de fundação da língua italiana: uma louvação ao "senhor irmão sol", à "irmã lua e às estrelas", à "irmã água", ao "irmão fogo", ao "irmão vento e todo e qualquer tempo". Francisco o compõe no momento em que, entrando nos quarenta anos, vê-se oprimido pelos mais diversos males, quase cego, atormentado pela angústia. Poucos dias antes de morrer, acrescenta a seu *Cântico* uma última estrofe dedicada à "nossa irmã, a morte corporal". E é a ela que se dirige mais uma vez antes de dar seu último suspiro. Opera uma inversão na história do pensamento ocidental: a morte não é mais a inimiga, deve ser plenamente acolhida. Assim, a vida atinge seu sabor supremo. Outra frase, pronunciada algumas horas antes, também merece ser citada. Trata-se de um P.S. a uma mensagem enviada à Irmã Jacqueline para que ela venha vê-lo uma última vez. Para essa rica viúva, que se tornou sua discípula e que costumava lhe oferecer doces de amêndoas, Francisco de Assis abre seu coração: "E não se esqueça de trazer frangipane!". ■

Clara de Assis

"E Tu, Senhor, bendito sejas por ter me criado!"

† 11 de agosto de 1253,
Assis,
59 anos

As últimas palavras da primeira discípula de Francisco de Assis são quase tão comoventes quanto as de seu mestre. Clara é oriunda de uma família nobre de Assis: aos 18 anos, depois de ter ouvido Francisco pregar, decide também renunciar ao mundo. Abandona às escondidas sua família e se refugia junto de Francisco; faz voto de castidade e de pobreza; mantém-se firme diante do seu pai e dos seus tios que tentam levá-la de volta à força para casá-la. Francisco a exorta, quatro anos depois, a fundar uma ordem feminina, que ficará conhecida como ordem das Pobres Clarissas e atrairá um grande número de mulheres nobres da região – inclusive a mãe de Clara, já então viúva. Clara dirigirá sua ordem por quase quarenta anos na maior pobreza, até morrer de esgotamento. No instante do grande salto, não parece sentir nenhum medo, nenhum ressentimento, nenhuma dúvida. Pelo contrário, é um grande "sim" à existência que ela profere no momento em que seu "Senhor" toma de volta sua vida. Uma santa, com toda certeza. ■

François Coppée

"Só há três coisas na vida: a amizade, o amor e..."

† 23 de maio de 1908,
Paris,
66 anos

Membro da Academia Francesa, o escritor François Coppée foi um "pequeno mestre" de sua época. Compôs uma poesia simples, intimista, dedicada aos *Humildes* – título de seu livro de poemas mais conhecido. Rimbaud, Verlaine e companhia parodiam seus clichês sentimentais e prosaicos no *Album zutique*. E seu engajamento antidreyfusista, ou seja, antissemita, ao lado de Maurice Barrès, não torna especialmente simpática sua atenção tão católica às pessoas pobres. François Coppée poderia ficar na história sobretudo como aquele que falhou miseravelmente na hora de pronunciar sua frase final. Atingido por um câncer na garganta, vê-se obrigado no fim da vida a só se comunicar por notas escritas. No momento em que quer confiar a um amigo as dimensões essenciais da existência, morre bruscamente, deixando um enigma. Mas não poderíamos dizer que esse branco, essa falta, esse vazio no meio da folha, em suma, essa falha, designa a própria morte? Longe de um fracasso, suas últimas palavras surgiriam então como uma obra-prima do gênero. Sim, há de fato três coisas que marcam verdadeiramente uma existência humana: o amor, a amizade, e aquilo que sempre nos separa deles. ■

Alfred Jarry

Depois de ter pedido um palito de dente

"Estou procurando... procurando... procurando..."

† 1º de novembro de 1907,
Paris,
34 anos

Os surrealistas reconhecerão em Alfred Jarry um de seus mais preciosos e próximos precursores. O pai do Pai Ubu fundou uma ciência que se tornou célebre: "a Patafísica". Uma ciência que só se interessa pelas "soluções imaginárias" e prefere as "exceções" a qualquer lei geral. Satirista cruel e grande fantasista, Jarry sabia que as descobertas mais inúteis são as mais preciosas. No hospital de La Charité, onde vive suas últimas horas, atingido por uma meningite tuberculosa, pede um "palito de dente". No que estaria pensando naquele instante? O que ainda estaria *procurando*. Uma pista: um ano antes, falando de si na terceira pessoa, ele tinha escrito: "Acredita que o cérebro, durante a decomposição, continua a funcionar depois da morte e que o Paraíso são os seus sonhos". ■

Victor Hugo

“*Separação*”

† 22 de maio de 1885,
Paris,
83 anos

No Gênesis, cada criação de Deus é pontuada pela frase "e viu que aquilo era bom". Contudo, há uma realização a respeito da qual o Criador permanece mudo: o momento em que separa a sombra da luz. É possível interpretar esse silêncio como uma afirmação de que o momento da separação, seja qual for, não é nem um bem nem um mal: é um risco. É um salto. Não tem garantia. É sabido que Victor Hugo mantinha, desde a infância, uma relação profunda com o texto bíblico, a ponto de fazer dele o vibrante fundamento de sua *Lenda dos séculos*. Fortes ecos da sabedoria do livro sagrado ressoam decerto em sua mente na noite de sua morte. Sofrendo de uma congestão pulmonar e aguardando o fim com serenidade, exclama de repente: "É aqui que se trava o combate entre o dia e a noite!". Morre pela manhã, proferindo uma imperiosa palavra: "separação" – esse momento em que até Deus retém o fôlego; em que tudo, o pior e o melhor, pode advir. ■

Fernando Pessoa

"Não sei o que o amanhã trará."

† 30 de novembro de 1935,
Lisboa,
47 anos

Na véspera de sua morte, o imenso, mas ainda desconhecido, poeta português é internado no hospital de São Luís dos Franceses. Sofre de uma cirrose hepática, decorrente do excesso de álcool. E escreve em inglês, língua na qual compôs seus primeiros textos: "*I know not what tomorrow will bring*". É evidente que a morte está se aproximando, mas Fernando Pessoa se recusa a atravancar sua atenção, seu olhar, seus pensamentos com especulações, hipóteses, projeções que nos impedem de ver o que acontece de sempre imprevisível aqui e agora. Essa frase, anotada com letra firme, tem o aspecto de um exercício espiritual improvisado. Ela reafirma a atitude fundamental explorada por Pessoa ao longo de toda sua obra e que nem mesmo a iminência da morte é capaz de perturbar. Fazendo proliferar os heterônimos (Bernardo Soares, Alberto Caeiro, Álvaro de Campos, Ricardo Reis) de personalidades radicalmente distintas, ele soube expressar a multidão que palpita em nós. Demonstrou assim que nenhuma certeza poderia nos sujeitar por mais de algumas horas. Se fôssemos capazes de compreender isso, escreve ainda o poeta, então a vida subordinada à política, à religião ou à sociedade cederia lugar a uma existência autenticamente "estética". Existência em que cada um de nós poderia dizer, com Pessoa: "Sendo assim, não evoluo, VIAJO". Uma vida que, indo aonde ela não sabe, passando por onde não sabe, seria fecundada pelo sentido sempre recomeçado. ■

Índice dos moribundos

A

Agripina, a Jovem: 140
Apollinaire, Guillaume: 116
Arquimedes: 124
Austen, Jane: 90

B

Bach, Johann Sebastian: 14
Bakunin, Mikhail: 80
Balzac, Honoré de: 114
Berlioz, Hector: 46
Bonaparte, Napoleão: 86
Breton, André: 128
Bruno, Giordano: 48

C

Céline, Louis-Ferdinand: 94
Cézanne, Paul: 78
Chamfort: 112
Chardonne, Jacques: 100
Churchill, Winston: 26
Clara de Assis: 154
Clotário I: 88
Cobain, Kurt: 68
Coppée, François: 156

D

Danton: 60
Da Vinci, Leonardo: 82
Dickinson, Emily: 12

E

Edison, Thomas: 22

F

Francisco de Assis: 152
Franck, César: 120

G

Galois, Évariste: 142
Ginsberg, Allen: 36
Goethe, Johann Wolfgang von: 74
Greuze, Jean-Baptiste: 96
Grimod de La Reynière, Laurent: 62
Guevara, Ernesto "Che": 58

H

Hokusai: 118
Hugo, Victor: 160

J

Jarry, Alfred: 158
Jesus Cristo: 70

K

Kennedy, John Fitzgerald: 40

L

Labiche, Eugène: 16
Lacoue-Labarthe, Philippe: 92
Leônidas I: 20
Luís XIV: 10
Luís XVI: 50

M

Mahler, Gustav: 76
Manouchian, Missak: 56
Maquiavel, Nicolau: 18
Marechal Ney: 108
Maupassant, Guy de: 72
Musset, Alfred de: 98

N

Nero: 122
Nerval, Gérard de: 104

O

O'Neill, Eugene: 132
Olympe de Gouges: 42

P

Pagnol, Marcel: 126
Pasolini, Pier Paolo: 30
Péguy, Charles: 138
Pessoa, Fernando: 162
Poiret, Paul: 28
Proust, Marcel: 102

R

Rabelais, François: 38
Racine, Jean: 146
Ravachol: 54
Renard, Jules: 148
Rilke, Rainer Maria: 110
Roland, Madame: 52
Rostand, Edmond: 64

S

Saint-Exupéry, Antoine de: 136
Sarah Bernhardt: 34
Sócrates: 44

T

Tchekhov, Anton: 8
Thompson, Hunter S.: 106
Thoreau, Henry: 24
Tolstói, Liev: 150
Toulouse-Lautrec, Henri de: 144

V

van Gogh, Vincent: 66

Villiers de L'Isle-Adam, Auguste de: 134

W

Wagner, Richard: 32

Wilde, Oscar: 130

Wittgenstein, Ludwig: 84

Publicado por acordo especial com a Allary Éditions em conjunto com a 2 Seas Literary Agency, sua agente devidamente designada, e com a Villas-Boas & Moss Agência e Consultoria Literária, sua coagente.

Título original: *Ultimes*

EDITORA
Silvia Tocci Masini

EDITORAS ASSISTENTES
Carol Christo
Nilce Xavier

ASSISTENTE EDITORIAL
Andresa Vidal Vilchenski

REVISÃO
Miriam de Carvalho Abões

REVISÃO FINAL
Mariana Paixão

CAPA
Diogo Droschi
(sobre imagem de Koya/Shutterstock)

DIAGRAMAÇÃO
Waldênia Alvarenga

Dados Internacionais de Catalogação na Publicação (CIP)
Câmara Brasileira do Livro, SP, Brasil

Nassif, Philippe
Últimas palavras : o que você diria na hora da morte? As últimas palavras de grandes personalidades / Philippe Nassif ; tradução Fernando Scheibe. -- 1. ed. -- Belo Horizonte : Gutenberg, 2017.

Título original: *Ultimes*
ISBN 978-85-8235-450-6

1. Celebridades 2. Citações - Coletâneas 3. Morte I. Título.

17-03432 CDD 791

Índices para catálogo sistemático:
1. Celebridades 791

A **GUTENBERG** É UMA EDITORA DO **GRUPO AUTÊNTICA**

São Paulo
Av. Paulista, 2.073,
Conjunto Nacional, Horsa I
23° andar . Conj. 2301 .
Cerqueira César . 01311-940
São Paulo . SP
Tel.: (55 11) 3034 4468

Belo Horizonte
Rua Carlos Turner, 420,
Silveira . 31140-520
Belo Horizonte . MG
Tel.: (55 31) 3465 4500

Rio de Janeiro
Rua Debret, 23, sala 401
Centro . 20030-080
Rio de Janeiro . RJ
Tel.: (55 21) 3179 1975

www.editoragutenberg.com.br

Este livro foi composto com tipografia Bembo Std e impresso
em papel Off-White 70g/m² na Assahi.